*Sou cristã convertida há seis anos, casada há sete e mãe de dois bebês que me fizeram entender o porquê **Deus chama nossos filhos de herança.** Percebo que, atualmente, muitas mulheres têm se voltado para dentro de suas casas, compreendendo o papel insubstituível que desempenham na construção de famílias fortes. Neste livro, você conhecerá a história de uma pessoa que tem exercido seu chamado de maneira excepcional. Além de mentorear muitas mulheres, encontrou prazer e propósito em servir seu lar. Portanto, abra seu coração e ouça a doce voz do Espírito Santo enquanto lê cada uma destas páginas. Algo novo está para acontecer!*

Nathalie Barros
*Mãe, esposa e influenciadora*

*Nada melhor do que uma mulher de Deus para nos ensinar sobre família. **Tenho certeza de que este livro trará revelação e transformação para muitos lares,** e sei que cada palavra contida nestas páginas foi inspirada pelo próprio Deus. O testemunho de Laila, minha grande amiga, irá conectar você à presença poderosa do Espírito Santo, capaz de realizar milagres e restaurar o que foi perdido.*

Victória Rocha
*Mãe, esposa e influenciadora*

*Laila é dessas amigas que sabe transformar um tempo de conversa em uma memória inesquecível. Por meio desta leitura, você terá a sensação de estar sentada à mesa com ela. Não só receberá dicas de receitas e hospitalidade, como terá acesso a entendimentos profundos sobre identidade e propósito. Creio que esta obra foi idealizada para nos ensinar que o fundamento de uma casa são as pessoas. Deus deseja que usemos o nosso lar para desenvolver relacionamentos que irão gerar frutos eternos. Prepare o seu coração para ser impactada através das lições preciosas que este livro carrega; tenho certeza de que você será transformada!*

Silvana Piragine

*Esposa, mãe e pastora*

---

*A Laila é cheia de vida, e testemunhou isso publicamente enquanto esperava o momento em que contruiria sua própria família. A excelência que demonstrou em casa, na devoção a Deus e em seus relacionamentos, ainda solteira, preparou o seu coração para desfrutar grandes bênçãos hoje. Ela é uma inspiração e um encorajamento para mim. Como uma mulher solteira, contemplo sua trajetória e me torno ainda mais convicta de que sempre valerá a pena esperar no Senhor. Além disso, sua história garante que amar a família como projeto perfeito de Deus é reflexo de quem entendeu que seguir a Cristo é a melhor maneira de se viver. Aprender com a Laila é um privilégio, e este livro é uma arma poderosa que capacitará mulheres por todo o Brasil a amar aquilo que Deus também ama.*

Vitoria Dozzo

*Escritora e influenciadora*

---

*Família é um projeto de Deus, não é à toa que a Bíblia inicia e termina falando sobre casamento. O Senhor é um Deus de alianças e gerações, e é por isso que o Inimigo tenta constantemente atacar nossos lares. Nesta obra, você encontrará ferramentas que lhe ajudarão a se proteger e transformar sua família. Além disso, entenderá a causa de alguns comportamentos ruins dos quais você gostaria de se livrar. Ninguém melhor para escrevê-la do que a Laila, pois sou uma testemunha ocular de sua transformação e do impacto poderoso que sua vida gerou em outras pessoas. Este livro é como uma lente para seus olhos, um abraço acolhedor e uma bússola que lhe mostrará a direção. Aproveite a leitura e creia que ela será um divisor de águas em sua vida.*

Thayse Portela

*Esposa, pastora, escritora e influenciadora*

# O ÓBVIO SOBRE FAMÍLIA PRECISA SER DITO

# O ÓBVIO SOBRE FAMÍLIA PRECISA SER DITO

LAILA COELHO

VERDADES E PRINCÍPIOS DO PLANO DE DEUS

PREFÁCIO POR CAMILA VIEIRA

Vida

Editora Vida
Rua Conde de Sarzedas, 246 – Liberdade
CEP 01512-070 – São Paulo, SP
Tel.: 0 xx 11 2618 7000
atendimento@editoravida.com.br
www.editoravida.com.br
@editora_vida /editoravida

**O ÓBVIO SOBRE FAMÍLIA PRECISA SER DITO**


■



Todas as citações bíblicas e de terceiros foram adaptadas segundo o Acordo Ortográfico da Língua Portuguesa, assinado em 1990, em vigor desde janeiro de 2009.

■

Editora-chefe: Sarah Lucchini
Editoras responsáveis: Jacqueline Mattos e Eliane Viza
Revisão: Rosalice Gualberto
Revisão de provas: Eliane Viza
Coordenadora de design gráfico: Claudia Fatel Lino
Projeto gráfico e diagramação: Philipe Santos
Capa: Lira Lira

As opiniões expressas nesta obra refletem o ponto de vista de seus autores e não são necessariamente equivalentes às da Editora Vida ou de sua equipe editorial.

Os nomes das pessoas citadas na obra foram alterados nos casos em que poderia surgir alguma situação embaraçosa.

Todos os grifos são do autor, exceto os indicados.

**1. edição:** nov. 2024

**Dados Internacionais de Catalogação na Publicação (CIP)**
**(Câmara Brasileira do Livro, SP, Brasil)**

Coelho, Laila
O óbvio sobre família precisa ser dito: verdades e princípios do plano de Deus / Laila Coelho. -- 1. ed. -- São Paulo : Editora Vida, 2024.

ISBN 978-65-5584-591-4
e-ISBN 978-65-5584-590-7

1. Cristianismo - Essência, natureza, etc. 2. Feminilidade 3. Mulheres cristãs - Conduta de vida 4. Mulheres cristãs - Oração e devoção 5. Mulheres cristãs - Vida cristã 6. Princípios bíblicos I. Título.

24-232387 CDD-270.082

**Índice para catálogo sistemático:**

1. Mulheres : Aspectos religiosos : Cristianismo 270.082
Aline Graziele Benitez - Bibliotecária - CRB-1/3129

# Sumário

# Dedicatória

Dedico esta obra primeiramente a Deus, pois sem ele nada seria possível.

Além disso, quero expor aqui o meu carinho à minha maior incentivadora: Vera Coelho, minha mãe. Ela sempre lia muito e me encorajava a fazer o mesmo. Lembro que morávamos em uma casa com um quarto nos fundos, onde instalou várias prateleiras para guardar suas dezenas de livros sobre diversos temas. Você pode perceber, portanto, que meu amor por leitura é antigo.

Minha mãe sonhava em escrever um livro sobre a sua história de cura do câncer. Tiramos algumas fotos dela, antes da cirurgia de remoção de um dos seios, quando ela já havia perdido os cabelos e estava na metade de seu tratamento. Tínhamos o plano de usá-las em seu futuro livro. Infelizmente, seu projeto não se concretizou, a cura não aconteceu e mamãe faleceu em fevereiro de 2005. No entanto, Deus nunca se esquece de nós e pode realizar nossos sonhos através do nosso legado.

"Deus já fez, você que ainda não viu!". Essa frase surgiu em um momento extremamente marcante e especial da minha vida. Lembre-se: um dia extraordinário começa como um outro qualquer, com tarefas ordinárias. O ano era 2019, e eu estava correndo na esteira do meu antigo condomínio pela manhã. Antes de acabar o treino, decidi checar o meu Instagram, e me deparei com uma das mensagens mais incríveis que já recebi, enviada por uma amiga da nossa família: “Laila, que legal que você se converteu e está seguindo os caminhos de Deus, sua mãe ficaria extremamente feliz e grata. Talvez você não saiba, mas ela aceitou a Jesus antes de falecer. Eu e minha pastora fomos juntas ao hospital para orarmos por ela, fizemos o apelo e, com muita convicção, ela decidiu entregar sua vida a Cristo!”.

Ao ler aquela notícia, quase caí da esteira de tanto chorar. Experimentei um misto de emoções – surpresa, alívio e uma alegria contagiante – e senti o Espírito Santo falar ao meu coração: “Você é a resposta de oração da sua mãe. Deus já fez, você que ainda não viu!”. Desde que me converti, sempre pensava em minha mãe, no quanto eu gostaria que ela seguisse os caminhos do Senhor e que nos encontrássemos na Eternidade. Naquele momento, eu entendi: Deus age mesmo quando não sabemos. Na verdade, as circunstâncias estão encaminhadas de acordo com seus planos, mas insistimos em ter o controle de tudo e fazer com que as situações ocorram do nosso jeito.

O mais surpreendente é que descobri aquilo catorze anos após o seu falecimento. Deus não se esquece de absolutamente nada, e tudo acontece no momento certo. Se eu soubesse dessa notícia anos atrás, quando ainda não era convertida, é muito provável que não seria tão impactada, pois não compreendia verdadeiramente o conceito da salvação em Cristo Jesus.

Hoje, dedico este livro à essa mulher maravilhosa, e declaro a plenos pulmões que me sinto honrada de ter sido filha de uma pessoa forte, extrovertida, leal, amiga, engraçada, criativa, carinhosa, gentil, educada, supermãe, profissional excelente, fiel aos seus e minha grande fonte de inspiração. Ela me mostrou o que é amar, ensinou-me princípios valiosos, incentivou-me a ter fé, correr atrás dos meus sonhos, construir minha família e ser feliz.

Um dia, minha mãe sonhou em escrever um livro, e eu também. Agora, como jornalista formada, para mim é uma honra poder dizer que esse filho nasceu. Neste momento, você o tem em mãos, escrito por mim e lapidado pelo Senhor.

Por fim, dedico também este livro ao meu maridão e grande amor, Felippe – sempre incansável em cuidar e conduzir nossa família como sacerdote do lar; é um privilégio viver ao seu lado, eu amo você, meu amor –, ao meu filho Giuseppe, ao meu bebê ainda no ventre, e aos que estão por vir. Vocês são o meu combustível.

# Agradecimentos

Em primeiro lugar, agradeço ao amor da minha vida, meu marido e melhor amigo, Felippe, que sempre me apoiou em todas as minhas decisões, sonhos e projetos. Ele é meu incentivador, um grande homem de Deus, fiel, parceiro, honroso e o melhor marido que o Senhor poderia me dar, com quem construí uma família maravilhosa. Esta obra não seria possível sem você, meu amor, te amo.

Sou grata aos meus filhos – Giuseppe e Giovanni e os que ainda nascerão –, que me aperfeiçoam, ensinam-me a desfrutar as dádivas de Deus e me impulsionam a ser uma mãe e esposa ainda mais amorosa, dedicada, presente e carinhosa.

Agradeço aos meus familiares, principalmente meus irmãos – em especial o Gil, que está sempre ao meu lado desde a nossa infância, e Gilver, que me incentiva e comemora cada conquista como fã número um – e meus tios, que me apoiam e torcem por mim. Sou a caçula de cinco filhos, e posso afirmar com certeza que fui – e ainda sou – muito amada. Eles são presentes de Deus, oferecem suporte, carinho, atenção e serão meus amigos para sempre.

Além disso, sou extremamente grata às minhas amigas mais chegadas. Obrigada pelo apoio e incentivo, por trazerem à tona muitas questões ainda escondidas em meu interior e por cada elo criado. Vocês são indispensáveis em minha vida.

Gostaria também de expressar minha gratidão à Editora Vida e toda sua equipe, que, com excelência e dedicação, viabilizaram este projeto e garantiram que ele chegasse até você. Em especial, agradeço a Sarah e Vitoria, pois me ajudaram a colocar em palavras tudo aquilo que estava guardado em meu coração.

Agradeço às minhas seguidoras, mentoreadas e alunas, que estão ao meu lado nesta jornada há anos.

Por fim, sem o Senhor, eu não estaria escrevendo estas páginas. Por isso, ofereço minha maior gratidão ao meu Pai Celestial, que tornou esta obra real. Ele me concedeu fé quando eu mal acreditava que poderia concluí-las, e transformou minhas dores em cura. De uma pessoa improvável, Deus fez de mim uma provável, alguém que deseja cuidar e impactar a vida de outras mulheres.

Ao Senhor e a todos vocês, o meu muito obrigada.

*Deleite-se no Senhor, e ele atenderá aos desejos do seu coração. Entregue o seu caminho ao Senhor; confie nele, e ele agirá. Ele fará a sua justiça brilhar como a alvorada, e a sua causa, como o sol do meio-dia. Descanse no Senhor e aguarde por ele com paciência; não se aborreça quando outros obtêm sucesso em seus caminhos, quando eles maquinam o mal. Evite a ira e rejeite a fúria; não se aborreça: isso só leva ao mal.* **(Salmos 37.4-8)**

# Prefácio

Querida leitora,

Foi com o coração repleto de alegria e gratidão que recebi o privilégio de prefaciar esta obra, pensada e desenvolvida com muito carinho em cada detalhe para abençoar diversas famílias. Laila Coelho, minha amiga querida e mulher dedicada em tudo o que faz, entregou em minhas mãos essa valiosa missão.

Para mim, é uma honra poder compartilhar algumas palavras sobre este projeto que nasceu de uma pessoa humilde, repleta de amor e propósito. Ao longo destas páginas, fui levada a uma intensa reflexão sobre a importância de conhecermos e vivermos a nossa real identidade, algo que queima diariamente dentro de mim, e que Laila, através do seu olhar generoso, trouxe com tanta profundidade.

Vivemos em uma era onde nossos valores são constantemente questionados e redefinidos. O mundo nos bombardeia com mensagens que muitas vezes confundem e distorcem o papel da mulher na sociedade, no casamento e na família. Somos levadas a acreditar que o sucesso e a realização estão fora das paredes do nosso lar, e que cuidar do marido e dos filhos é uma tarefa secundária.

Por meio desta leitura, que a partir de agora será como um farol de esperança e verdade em sua vida, você será convidada a voltar às suas origens, às raízes do seu propósito e redescobrir com muita sabedoria a verdadeira beleza de um casamento santo, da maternidade e da família.

Mediante seu próprio testemunho de vida e fé, Laila a conduzirá por ricas análises que levarão você a uma nova perspectiva sobre o verdadeiro significado do casamento. Ela mostrará a diferença entre uma casa e um lar, destacando a importância de estabelecer princípios sólidos, amor genuíno e dedicação para transformar um espaço físico em um ambiente de acolhimento, crescimento e verdadeira felicidade.

Além disso, estas páginas oferecem dicas e conhecimentos valiosos a respeito da hospitalidade, para recebermos pessoas de maneira carinhosa e transformarmos nossas casas em um verdadeiro lar de afeto, amor e paz. Laila teve ainda o cuidado e a atenção de incluir nesta obra um guia prático com receitas deliciosas, cuidadosamente selecionadas, a fim de tornar cada momento com nossos hóspedes ainda mais especial.

Querida, prepare-se para ser impulsionada a viver um casamento pleno e significativo. Deixe-se moldar e ressignificar por cada palavra, conselho e partilha de experiência. Sinta o coração da autora pulsando em cada página, batendo em sintonia com o seu.

Você está prestes a acessar um presente do Senhor, entendimentos que vão somar em todas as áreas de sua vida como jamais pensou. Acima de tudo, descobrirá o real propósito e sonho de Deus para você como esposa, mãe e filha amada do Pai. Desejo uma ótima leitura!

*Com todo o meu carinho,*

Camila Vieira

# Introdução

Em um dia muito difícil, quando eu me via em desespero, sem saber o que fazer ou para onde ir, encontrei um Pai – ainda que órfã de pai e mãe nesta Terra. Eu me senti amada de forma completa, algo que jamais pensei ser possível após o falecimento dos meus pais. Apesar de achar que a alegria genuína jamais voltaria para minha vida, e que as gargalhadas sinceras e expressivas haviam desaparecido permanentemente de meus lábios, Deus as resgatou e as tornou reais novamente. Conheci o amor mais verdadeiro e único, que excede todo entendimento humano e que permanece comigo para sempre, como afirmam as Escrituras:

> *Haverá mãe que possa esquecer seu bebê que ainda mama e não ter compaixão do filho que gerou? Embora ela possa esquecê-lo, eu não me esquecerei de você!* **(Isaías 49.15)**

Como não disseminar esse amor que um dia me alcançou? Como não gritar para que todos ouçam e entendam o que ele é capaz de fazer na vida de alguém? Foi pensando nisso, que o sonho de realizar esta obra nasceu. Escrevo esta introdução com lágrimas nos olhos, pois sou uma improvável, uma sobrevivente e não me sentia capaz de viver os propósitos de Deus. Por conta dos intensos sofrimentos que enfrentei ao logo da minha jornada, por muito tempo não soube aproveitar os momentos de alegria e pensava: "Isso aqui está muito bom para ser verdade!". Porém, conforme servimos a um Deus que é real, um Pai que cuida de nós, entendemos a afirmação de Paulo: somos filhos e co-herdeiros com Cristo (cf. Romanos 8.16-17). Isso significa que nosso Pai é dono de tudo e, sim, podemos – e devemos – desfrutar do que ele já nos entregou.

Neste livro, abrirei o meu coração e compartilharei com você algumas experiências que vi, vivi e senti, de forma sincera e genuína. Falarei sobre Jesus, casamento, família, relações interpessoais, fé, a cura que existe em conversas profundas e algumas dicas práticas para o seu dia a dia.

Já cheguei a pensar que casamento não era para mim, pois não me sentia merecedora dessa graça, via-me pecadora demais para ser feliz e realizada, e achava que teria de sofrer por todos os meus pecados o resto da vida. Talvez você também se sinta dessa forma, mas lhe garanto que, com Cristo, o fardo é leve, porque ele já levou sobre si o nosso jugo.

Como é bom poder servir você através desta obra. Espero que ela alcance o seu íntimo, a fim de inspirá-la, motivá-la e fazê-la perseverar em perceber que as transformações acontecem a partir de você, da sua decisão e da mudança de seus comportamentos. Em determinado momento da minha caminhada, entendi que o mundo não facilitaria minha vida nem me garantiria dias melhores e mais felizes. Se eu não tomasse uma atitude para que isso acontecesse, independentemente das minhas dores, feridas e crenças, eu estaria fadada a uma vida medíocre e conformada em ser apenas mais uma vítima da sociedade.

Os planos de Deus são infinitamente melhores do que os nossos, mas demandam uma entrega da nossa parte. Assim como podemos nos prevenir dos temporais ao levar conosco um guarda-chuva antes de sair de casa – apesar de sermos incapazes de controlar o clima –, há uma responsabilidade que cabe a nós na caminhada com Cristo.

Você pode pensar que é muito mais fácil deixar as coisas do jeito que estão, ou talvez ache que "quanto mais mexer, mais irá cheirar mal". Mas, quando o assunto é cuidar de si mesma, isso não deve ser negociado. Só temos esta vida, o aqui e o agora, e precisamos agir focadas em nossa transformação, curar traumas e cicatrizar feridas, sem passar por cima deles como um trator. É preciso tomar nota de cada dor e avaliá-la, equalizar nossas emoções e aproveitar o processo de cura.

Isso acontecerá rapidamente? Depende. Qual será o nível de intensidade que você empregará nessa tarefa? Quanto tempo disponibilizará? Quão rápido permitirá que Cristo seja o seu Senhor e Salvador? Está disposta a deixar o controle remoto de sua vida nas mãos de Deus e abandonar o lugar de juíza de si mesma?

O Senhor deseja cear com você e lhe convida a abrir a porta do seu coração para viver com Cristo, como está escrito:

> *Eis que estou à porta e bato. Se alguém ouvir a minha voz e abrir a porta, entrarei e cearei com ele, e ele, comigo.* **(Apocalipse 3.20)**

Mesmo em meio às batalhas e dores, ele anseia estar ao seu lado e enxugar suas lágrimas. Quando nós sofremos, ele luta por nós e nos garante sustento. O Senhor é onisciente – sabe de todas as coisas –, onipresente – está em todos os lugares – e onipotente – tem poder para realizar tudo. Que este livro seja como um abraço para sua alma, um sorriso para o seu coração, um acalento para sua mente e um empurrão que lhe arranque da zona de conforto. Creio que, hoje, começa uma nova jornada de transformação em seu interior, e encorajo você a desfrutar o caminho e cada etapa deste novo lugar que se chama refrigério em Deus.

*Capítulo 2*

# Paternidade divina, a *raiz* de tudo

*Então, Deus disse: – Façamos os seres humanos à nossa imagem, conforme a nossa semelhança. Dominem eles sobre os peixes do mar, sobre as aves dos céus, sobre os animais de rebanho, sobre toda a terra e sobre todos os animais que rastejam sobre a terra.*
**(Gênesis 1.36)**

Quero começar este livro com um importante questionamento: quem é você? Se não soubermos respondê-lo, não estaremos preparadas para nos relacionarmos de maneira saudável com outras pessoas, teremos uma visão errada sobre família, casamento e criação de filhos, e seremos incapazes de exercer nosso verdadeiro papel nas diversas áreas da vida.

Embora pareça simples, sei que é uma pergunta complexa. Sem pensar com cuidado, temos o costume de usar o nosso ofício para nos definirmos: "Sou médica, empresária, advogada, influenciadora, secretária". E por que fazemos isso? Pelo simples fato de vivermos no piloto automático, sempre presas em diversas atividades sem entrarmos em contato com quem verdadeiramente somos. Afinal, é mais fácil fazer do que ser. Submeter-se à jornada do autoconhecimento é para poucos, pois dá trabalho, exige tempo, dedicação, vulnerabilidade e humildade. No entanto, é indispensável para aqueles que desejam ter uma vida *outlier* – fora de série.

Eu sou uma defensora do processo de busca da identidade, pois esse é o grande testemunho que carrego e um assunto que conheço bem. Sofri muito, frequentemente tentando ser aquilo que os outros gostariam, e não quem Deus me fez para ser. O Senhor me tirou do limbo e do vitimismo através de um percurso desafiador. Apesar de não ter sido fácil, é infinitamente melhor viver da maneira para a qual você foi chamada, em vez de parecer ser alguém que não é, ou se deixar levar pelo efeito manada – agir conforme o que a maioria está fazendo, só para agradar os outros ou por não saber dizer não. Em suas pregações, a autora cristã Joyce Meyer costuma dizer: *"Você pode escolher sofrer a dor da mudança, ou a dor de continuar do jeito que está"*. Sendo assim, qual delas você prefere?

Tenho convicção de que só cheguei onde estou – inclusive aqui, escrevendo estas páginas –, porque permiti que Deus transformasse meu coração. Foi, então, que me dediquei e não desisti de descobrir quem eu era e por que estou no mundo. Compreender essas questões com profundidade clareia nossa mente e nos permite usufruir do nosso *propósito*. Essa é uma palavra pequena, mas muito importante, frequentemente encontrada em reportagens, vídeos e postagens nas redes sociais. Quando assisti a uma pregação sobre o assunto, tive uma virada de chave: jamais descobriria o meu propósito nem conseguiria colocá-lo em prática, se não soubesse quem eu era. Percebi, portanto, que compreender minha identidade era o primeiro passo para cumprir com o chamado do Senhor para mim.

Certa vez, uma grande amiga me disse: "Já parou para pensar que um dos assuntos sobre o qual você mais tem autoridade é identidade? Em vez de repetir os defeitos dos seus pais, escolheu ser aquilo que Deus desejava". Uau! Ouvir aquilo mudou a forma como eu me enxergava. Fiquei perplexa porque, primeiramente, não imaginava que alguém fosse capaz de ter uma sensibilidade e percepção tão aguçada a meu respeito. Além disso, nunca tinha me dado conta de que a minha mudança não aconteceu por acaso, mas foi o resultado da minha entrega aos planos divinos. Com muita humildade e temor, aos poucos, tornei-me quem Deus me criou para ser.

É claro que ainda estou percorrendo esse longo caminho, pois ele só terminará quando estivermos na Eternidade. No entanto, a afirmação da minha amiga me ajudou a perceber que eu tive a coragem de me abrir para o agir do Senhor, o que me permitiu quebrar ciclos, mudar de atitude, tornar-me uma mulher melhor, mais determinada e transformada.

Estou lhe contando isso porque, constantemente, nós nos acomodamos em certos pensamentos, como: "Meus pais bebiam, então também bebo"; ou ainda: "Meus pais se separaram, por isso o casamento é uma instituição falida". Isso são mentiras malignas que nos paralisam. Não estamos fadadas a sermos uma cópia melhorada daquilo que não admiramos, e é muito provável que este não seja o desejo de nossos pais para nós. Eles nos amam e fizeram o melhor que podiam – ou aquilo que entendiam ser o melhor.

Neste momento, é possível que você pense: "Mas, Laila, eu fui abandonada pelos meus pais biológicos!". Eu sinto muito se esse foi o seu caso e não posso mensurar o tamanho da dor que isso tenha lhe causado. Porém, carinhosamente aconselho que tente perdoá-los com toda sua força e dedicação, pois é provável que, no passado, eles enxergassem essa atitude como a melhor escolha a se fazer para garantir o seu bem. Além disso, tenho certeza de que não desejam que você viva o mesmo que eles. Lembre-se: seus pais só foram capazes de oferecer o que tinham na época.

Porém, infelizmente, diversas sequelas são ocasionadas ao sermos abandonadas e esse tipo de situação é mais comum do que se imagina. No Brasil, a taxa de abandono – principalmente o abandono paterno – é assustadora. Em 2023, constatou-se que mais de 110 mil certidões de nascimento foram registradas sem o nome do pai, chamadas de certidões com pai ausente.[1] Imagine o impacto que isso gera em cada ser humano que cresce sem a figura paterna em sua casa, e o quanto esse fato é penoso para a sociedade brasileira como um todo. Quando eu me deparei com esses dados, meu coração foi consumido por uma angústia impossível de se colocar em palavras. Pensei no constrangimento que as mulheres devem sentir ao registrarem seus filhos sem incluirem os nomes dos pais, talvez por terem sido abandonadas ainda grávidas.

Além disso, há cenários em que bebês crescem sem suas mães, ou até mesmo sem ambos os pais, criados por avós ou outros parentes. Existem ainda casos de pais que permanecem em casa, mas são completamente ausentes e não participam da vida de seus filhos, o que pode gerar dores tão profundas quanto – até mesmo um lar bem estruturado não nos livra da possibilidade de passarmos por problemas familiares.

O ponto é que as dificuldades em se desenvolver sem referência materna ou paterna e os efeitos dessa situação são inquestionáveis, gerando feridas de abandono

---

[1] O GLOBO. **Brasil registrou mais de 100 mil crianças sem nome do pai só neste ano; são quase 500 por dia**: Número é quase 5% maior que registros do ano passado. Dados foram apurados pela GloboNews, com base no Portal da Transparência do Registro Civil. Disponível em: <https://g1.globo.com/df/distrito-federal/noticia/2023/08/13/brasil-registrou-mais-de-100-mil-criancas-sem-o-nome-do-pai-so-neste-ano-sao-quase-500-por-dia.ghtml>. Acesso em: 02 out. 2024.

e rejeição, ansiedade, dificuldade em se relacionar com outras pessoas, depressão e carência exacerbada. O processo de cura é árduo, exige muita inteligência emocional, resiliência, perseverança, e, mesmo que o perdão seja liberado, a cicatriz sempre estará lá. Por isso, o poder sobrenatural de Deus e o relacionamento diário com ele são indispensáveis, já que a presença do Espírito Santo é o que proporciona uma restauração contínua em nosso ser.

É lindo pensar que o Criador nos conhece profundamente e nos fez de forma única – afinal, ninguém carrega uma digital que seja exatamente igual a de outra pessoa. Tendo isso em mente, eu gostaria de lhe dizer algo que você talvez nunca tenha escutado: Ei, você é especial para Deus; não um acidente ou fruto do acaso. Por isso, o Senhor é capaz de nos ajudar a entender quem verdadeiramente somos: nossas características, qualidades, virtudes e peculiaridades. É possível que você pense que não carrega nenhum talento, mas tenho certeza de que, ao fazer um mergulho interno, descobrirá atributos sobre si mesma que jamais imaginou possuir.

Que tal começarmos esse mergulho agora, com o seguinte questionamento: como você se enxerga? Muitas de nós têm o hábito de se olhar no espelho todos os dias para conferir a roupa ou a maquiagem, mas você já parou para olhar com cuidado dentro de seus olhos? Há quanto tempo não entra em contato com sua identidade? Há quanto tempo não faz determinadas perguntas a si mesma? Está satisfeita com o seu corpo? Gosta do que

“Ei, você é especial para Deus; não um acidente ou fruto do acaso.”

vê: do seu cabelo, das unhas? Quanto tempo faz que não separa um momento para o autocuidado, como passar um creme hidratante na pele, fazer um *skin care* ou ter um dia de beleza – mesmo que em sua própria casa?

Na Bíblia, há um trecho muito conhecido pela maioria dos cristãos: "Jesus respondeu: 'Ame o Senhor, seu Deus, de todo o seu coração, de toda a sua alma e de toda a sua mente'. Este é o primeiro e o maior mandamento. O segundo é igualmente importante: 'Ame o seu próximo *como a si mesmo*'" (Mateus 22-37-39, grifo nosso). Será que temos praticado o que Jesus nos ordena?

Como já dito anteriormente, só conseguimos oferecer ao próximo aquilo que temos. Isso significa que não seremos capazes de amar devidamente outras pessoas, se não nos amarmos. Por acaso alguém seria capaz de cuidar de algo que odeia? É óbvio que não. Então por que, apesar de afirmarmos que nos amamos, temos o costume de nos devalorizarmos? Você já criticou a sua aparência ou seu jeito de agir? Tem o hábito de dizer para si mesma que é incapaz, insuficiente ou insignificante? Se fazemos isso constantemente, nós nos tornamos nossas piores inimigas. O psiquiatra e professor brasileiro Augusto Cury diz que quem cobra excessivamente de si pode ser ótimo para a sociedade ou até para sua empresa, mas certamente será seu pior carrasco.[2]

---

[2] CURY, Augusto. **Você se cobra demais?** Youtube, 6 de maio de 2019. 6min16s. Disponível em: <https://www.youtube.com/watch?v=4gB81pQUfGM>. Acesso em: 06 out. 2024.

Eu era meu próprio carrasco. Olhava-me no espelho e dizia: "Como você está feia! E essa celulite? E essas estrias? Assim ninguém vai lhe querer mesmo". Eu tinha pensamentos muito ruins a meu respeito, e essa postura me desmotivava, distanciava-me da minha verdadeira identidade e gerava confusão em minha mente, alma e espírito.

Quando eu tinha 2 anos de idade, meu pai saiu de casa, e foi naquele momento que tive o meu primeiro contato com a ferida do abandono. No meu caso, fui literalmente abandonada, mas nem sempre acontece dessa forma. Por exemplo, se uma criança não recebeu afeto físico ou emocional, talvez porque seus pais trabalhavam muito e estavam sempre ausentes, ela também sentirá os efeitos do abandono. Seu sistema cognitivo ainda não foi completamente formado, e, portanto, a criança não é capaz de pensar: "Meu pai não está comigo porque está trabalhando para cuidar de nossa família".

Além de ter sido abandonada pelo meu pai, também presenciei o sofrimento de minha mãe, uma mulher que vivia sozinha, com seus três filhos, tentando equilibrar as demandas da casa, do trabalho, a nossa criação, educação e ainda tinha de se preocupar em nos oferecer amor, carinho e atenção. Era extremamente desafiador e, por vezes, desumano. Lamentavelmente, quando os pais se separam, é comum que os filhos sejam obrigados a escolher um lado, e eu fiquei com minha mãe.

Por esse motivo, passei a absorver muitas das mágoas e sentimentos negativos que ela expressava em relação ao meu pai. Fui criada ouvindo coisas do tipo: "Seu pai não me ajuda!"; "Filha, não dependa de homem para nada"; "Casamentos não duram, todos eles terminam"; "Homens não prestam".

Se você também vivenciou algo parecido, é possível que tenha criado crenças limitantes, uma lista de opiniões que são como travas em sua vida e influenciam diretamente suas escolhas. Comigo não foi diferente e, mesmo que eu ainda fosse muito nova, senti os efeitos da separação dos meus pais por vários anos. Cresci distante da minha figura paterna e maior referência masculina, o que gerou em mim um grande desequilíbrio.

A Bíblia afirma que Deus criou o homem e a mulher com responsabilidades específicas para cada um, e a união dos dois é extremamente importante. No Evangelho de Mateus, lemos:

> *"Vocês não leram as Escrituras?", respondeu Jesus. "Elas registram que, desde o princípio, o Criador 'os fez homem e mulher' e disse: 'Por isso o homem deixa pai e mãe e se une à sua mulher, e os dois se tornam um só'. Uma vez que já não são dois, mas um só, que ninguém separe o que Deus uniu".* **(Mateus 19.4-6)**

O pai tem a responsabilidade de garantir à família proteção, segurança, limite e provisão. Você pode imaginar, à vista disso, as consequências de um lar carente de uma figura paterna. Por volta dos meus 8 anos de idade, lembro de encontrar minha mãe triste em seu quarto inúmeras vezes, dizendo: "Ninguém cuida de mim". Aquilo me machucava profundamente, pois eu pensava: "Eu estou aqui, faço tudo por ela, dou atenção e amor. Como ela pode dizer isso?". No entanto, mesmo que me esforçasse para preencher o seu vazio, eu era apenas uma criança e jamais poderia ocupar o lugar que somente um marido estaria apto a preencher. Aquilo era um gatilho para minha ferida de rejeição que já fora instaurada quando meu pai saiu de casa, o que me fazia sentir triste e incapaz.

A rejeição é uma outra ferida que pode ser causada por diversos fatores, como: gestação indesejada; situações em que os pais gostariam que seu bebê fosse do sexo oposto; tentativa de aborto; abuso – seja ele físico, emocional, sexual, verbal; quando a criança é enregue para adoção; infidelidade no casamento; rejeição de amigos, entre outros.

Hoje, já adulta, olho para trás e vejo que a minha ferida de rejeição estava escancarada. Tive de crescer e me desenvolver para entender, somente muitos anos depois, o quanto isso interferia em minha identidade, pois, por vezes, não percebemos que uma coisa está ligada a outra. Com a ajuda do Espírito Santo, precisei aprender a lidar com o sentimento de impotência, incapacidade e insatisfação, a fim de chegar onde estou atualmente.

A verdade é que grande parte de quem somos – valores, virtudes, personalidade e caráter – é desenvolvida ao longo de nossa jornada, desde os primeiros anos de vida. Muitas das crenças que temos, quando nos olhamos no espelho e não gostamos do que vemos, são o resultado de como vivemos a nossa infância e de mentiras que nos foram ditas – mesmo sem a intenção de nos machucar –, que ficaram marcadas em nossa memória e são perpetuadas involuntariamente.

Frequentemente, quando pequena, eu escutava que era muito estabanada. Ouvi tanto essa mesma afirmação, que, já mais velha, passei a tomá-la como verdade. Sempre que derrubava algo ou tropeçava, automaticamente pedia desculpas e dizia: "Nossa, eu sou assim mesmo, muito estabanada!". Se eu continuasse acreditando que aquela característica era inerente a mim, teria chances de mudar tal postura? Não, mesmo que eu quisesse muito, pois o comando que eu dava para mim diariamente era uma afirmação daquele comportamento negativo.

Por isso, tive de ser extremamente intencional e me policiar constantemente. Todas as vezes em que eu proferia aquela frase, corrija a mim mesma, dizendo: "Sou concentrada, faço as coisas com calma, este é meu novo comportamento!". Nós crescemos e ficamos mais velhas, mas temos a tendência de reproduzir atitudes infantis, porque não recebemos cura nem cuidamos de nós mesmas. Vivenciamos diversas situações dentro e fora de casa, e, sem nos darmos conta, internalizamos as experiências ruins.

Certa vez, atendi uma pessoa muito querida. Ela compartilhou que seu pai batia em sua mãe e irmãos, bebia demasiadamente, usava drogas, gritava com todos e, "disfarçadamente", trazia para casa mulheres com quem ele se relacionava. Sua mãe mantinha uma postura passiva, não questionava nem reclamava de nada, pois tinha muito medo de ser agredida por contrariá-lo.

Essa cliente me procurou para entender o motivo de sua dificuldade com relacionamentos amorosos. Afirmou que havia namorado um rapaz que, apesar de se dizer cristão, bebia e usava drogas – assim como o pai dela. Ao longo dos atendimentos, entendemos que a raiz desse problema estava no fato de ter presenciado o relacionamento completamente disfuncional de seus pais. Em seu subconsciente, ela acreditava que não existiam homens bondosos, trabalhadores, honestos, íntegros, livres de vícios, fiéis e não violentos.

O curioso é que isto acontecia de forma repetida em sua vida: quando encontrava um rapaz que era completamente oposto ao seu pai – um cristão de verdade, alegre, calmo, dedicado, romântico, atencioso e carinhoso –, automaticamente sabotava o relacionamento, com a justificativa de que ele era desinteressante e frágil. Encontrava mil defeitos no pretendente e sentia que o seu romantismo era exagerado, quando, na verdade, ela apenas estava desacostumada com esse tipo de tratamento, inexistente no casamento de seus pais.

Seu referencial de homem – alguém totalmente problemático agressivo, grosseiro, autoritário – era o que ela entendia como "normal" e, portanto, fugia de qualquer pessoa que se comportasse de maneira diferente. Por mais grave que isso possa parecer, é algo muito mais frequente do que pensamos.

Neste ponto, começamos a entender o quão fundamental é a figura paterna, e como a referência de casamento dentro do lar pode influenciar um ser humano. Talvez, muitos não admirem o comportamento de seus pais nem desejam reproduzi-lo, mas, por serem atitudes conhecidas e familiares, passam a perpetuá-lo inconscientemente.

Para as crianças, seus pais ou cuidadores são as pessoas mais importantes de suas vidas, dos quais dependem 100%. Ou seja, se fosse possível, passariam o dia inteiro com eles, pois sua presença é infinitamente mais valiosa e divertida do que milhares de brinquedos. Hoje, como mãe, vejo o quanto meus filhos anseiam por atenção. Podemos até não nos lembrarmos do quanto éramos carentes, mas isso não significa que nossa mente não arquivou a possível falta que sentimos dos nossos pais durante a infância.

Pesquisas apontam que cerca de 5% do nosso cérebro é responsável pelo raciocínio e pela memória de curto prazo, por meio dos quais fazemos críticas e julgamentos. Já o subconsciente soma os outros 95%, ou seja, a maioria do que vivenciamos permanece guardado ali.[3] Isso significa que, mesmo que você não se recorde, as experiências estão registradas em sua mente, como fotografias e filmes em suas memórias. Agora, imagine se todo seu arquivo mental é composto por brigas, confusões, bebida alcoólica, drogas, traição, vícios em jogos de azar, desrespeito, gritaria, agressão. Involuntariamente, é muito provável que você perpetue os efeitos disso em suas relações interpessoais e identidade.

É impressionante como essa constituição mental interfere em toda nossa vida, e os malefícios disso só mudarão quando decidirmos dar o primeiro passo: admitir que existe algo errado na forma como nos portamos e abandonar o lugar de conformismo, conhecido por muitos como "síndrome de Gabriela". Essa expressão se popularizou no Brasil na década de 1970 e surgiu inspirada em um trecho da música *Modinha para Gabriela:* "Eu nasci assim/ Eu cresci assim/ Eu sou mesmo assim/ Vou sempre ser assim/ Gabriela".[4]

A boa notícia é que, sim, você pode ter sua realidade transformada, o que biblicamente conhecemos como *metanoia*.

---

[3] SUPER INTERESSANTE. **O mundo secreto do inconsciente**: Ele ocupa a maior parte do cérebro e controla quase tudo o que fazemos. Mas a ciência já sabe como domá-lo e usar os poderes dele para várias coisas, de guardar senhas a fazer espionagem militar. Conheça as novas descobertas sobre o inconsciente - e veja como elas confirmam a principal teoria de Freud. Disponível em: <https://super.abril.com.br/ciencia/o-mundo-secreto-do-inconsciente>. Acesso em: 02 out. 2024.

[4] CAYMMI, Dorival; AMADO, Jorge. **Modinha de Gabriela.** Intérprete: Gal Costa. In: Obras-primas: Gal Costa. [S.l.]: Universal Music Group, 1996. 1 CD. Faixa 10.

Romanos 12.2 diz: “Não imitem o comportamento e os costumes deste mundo, mas deixem que Deus os transforme por meio de uma mudança em seu modo de pensar, a fim de que experimentem a boa, agradável e perfeita vontade de Deus para vocês”. Ou seja, quando nós entregamos a nossa vida a Cristo e nos arrependemos de nossos pecados, uma mudança gradual acontece em nossa mente, através do agir do Espírito Santo em nós. Dessa forma, não mais pensamos de acordo com os valores do mundo, mas em conformidade com as verdades celestiais.

Além disso, há um conceito muito interessante na ciência que se chama neuroplasticidade e confirma o que lemos nas Escrituras. De acordo com a neurocientista Caroline Leaf, esse fenômeno é a capacidade que o nosso sistema nervoso tem de se organizar em relação ao aprendizado e a novas experiências. Suas pesquisas afirmam que temos a capacidade de desenvolver resiliência, gerenciar a nossa mente, enfrentar momentos de dor, depressão, ansiedade ou preocupações. Caroline nos encoraja a abraçar as circunstâncias ruins, em vez de fugir delas, pois, quando nos permitimos experimentar nossas emoções, adquirimos a oportunidade de reprocessar, desconstruir e reconstruir a nossa mente.[5] Assim, encontraremos estratégias e sabedoria para seguir em frente, mesmo em meio às dificuldades.

---

5 LEAF, Caroline. **Neuroplasticity:** What It Is & How to Harness Its Power for Your Benefit. Disponível em: <https://drleaf.com/blogs/news/neuroplasticity-what-it-is-how-to-harness-its-power-for-your-benefit>. Acesso em: 02 out. 2024.

Conhecer e aceitar a Jesus como meu único Senhor e Salvador foi o pontapé inicial no meu processo de transformação. Em 2016, pouco antes do meu pai falecer de forma repentina, eu já frequentava algumas igrejas evangélicas e me sentia bem naqueles ambientes. Porém, confesso que não lia a Bíblia, não fazia devocional, não conhecia Deus profundamento nem participava de atividades ministeriais. Eu apenas ia ao culto a cada 15 dias e vivia com um pé na igreja e outro no mundo. Mesmo que eu já tivesse aceitado a Cristo, não era convertida de fato e parecia que meu coração não se conectava completamente ao Senhor.

Eu nunca havia me atentado ao quanto a minha figura paterna, ou a falta dela, interferia no meu relacionamento com o Senhor, em minha identidade e em como me via, até que perdi meu pai. Um vazio gigantesco tomou conta de mim de tal maneira, que pensei jamais ser capaz de sentir um amor fraternal novamente. Na época, minha mãe também já havia falecido, e, por um momento, até pensei que conseguiria lidar com a morte do meu pai, mas não foi o que aconteceu. Naquele instante, eu me vi totalmente órfã. Infelizmente, nunca estaremos preparadas para dar adeus a alguém que amamos. A sensação é como se perdêssemos o chão, sem saber como seguir a vida, para onde ir ou por onde recomeçar.

Essa angústia profunda me fez refletir e me ajudou a entender que eu realmente precisava me conectar com o Senhor, e já não podia permanecer como uma "cristã pela metade". A Palavra fala sobre esse tipo de postura inconstante: "Sei de tudo que você faz. Você não é frio nem quente. Desejaria que fosse um ou o outro! Mas, porque é como água morna, nem quente nem fria, eu o vomitarei de minha boca" (Apocalipse 3.15-16). Em minha vida com Cristo, eu estava morna e precisava me entregar por completo. Até que uma reviravolta aconteceu, no começo de 2018.

Eu estava em uma festa e, de repente, percebi que todos à minha volta bebiam e dançavam como se o mundo fosse acabar naquele dia. Uma sensação ruim inundou meu coração e eu senti vontade de fugir de lá. Eu olhava ao redor e nada fazia sentido: as pessoas, as músicas, o ambiente, tudo era superficial e vazio. Então, fui tomada por uma forte convicção: "Eu não pertenço a esse lugar". Foi como se escamas caíssem dos meus olhos (cf. Atos 9.18), e pensei: "Essas pessoas e esse ambiente não têm nada a ver comigo!".

O mais impressionante é que, até então, eu nunca havia me sentido tão desconectada como naquela festa, e creio que esse sentimento foi gerado pelo Espírito Santo. Por isso, esteja atenta a esse tipo de sensação, uma convicção que toma conta do seu ser, pois ela pode ser um sinal de que Deus está tocando você e lhe chamando para mais perto. É um amor e um cuidado que nos constrangem de forma sobrenatural.

Você já sentiu vontade de querer se esconder embaixo de uma mesa e ficar encolhida ali bem quietinha?

Foi assim que me senti. Também ganhei a consciência de que era como se eu vivesse uma vida dupla, e dizia para mim mesma: "Nossa, eu estava na igreja essa semana e agora estou aqui nessa festa, um ambiente em que tudo é livre, sem pudor ou respeito". Em suma, enxerguei claramente que não me enquadrava mais ali.

No dia seguinte a esse episódio, fui almoçar com uma amiga, e ela comentou que iria em um acampamento de Carnaval. No mesmo instante, senti meu coração queimar com um desejo desesperado de estar lá também, e disse que queria participar. Ela respondeu que não havia vagas, mas que checaria a possibilidade de me incluir na viagem. Logo em seguida, orei silenciosamente: "Deus, se for da tua vontade, eu vou. Vai surgir uma vaga!". E não é que surgiu? O Senhor esperava apenas por uma decisão acompanhada de uma atitude minha. Às vezes, precisamos ser mais corajosas, ousadas, ter intrepidez e correr atrás daquilo que desejamos, porque *existe algo que Deus não fará: a nossa parte.* É comum esperarmos pelo agir divino, mas já parou para pensar que ele pode estar aguardando por uma ação sua?

Penso que a minha conversão se dividiu em dois momentos: quando aceitei a Jesus na igreja, e depois, com 28 anos de idade, quando tive um encontro genuíno e arrebatador com o Senhor naquele acampamento de Carnaval. Vivi algo inexplicável, uma sensação que nunca tinha experimentado antes: fui batizada no Espírito Santo, e sua intensa presença me fez sentir plena, completa e com uma alegria que eu não imaginava que desfrutaria após a perda dos meus pais. Era um amor que me preenchia de tal forma que só poderia vir do Céu.

Lembro de chegar ali repleta de questionamentos, e, talvez, algumas destas perguntas também sejam as suas: "Qual o meu propósito?"; "O que significa ser filha de Deus?"; "Como ter mais intimidade com o Cristo?"; "Como vou falar de Jesus para os outros?". Durante aqueles dias, o Senhor respondeu a cada uma delas, de forma única e surpreendente.

Uma menininha que tinha 11 anos de idade, aproximou-se de mim e disse que havia escutado de Deus que as minhas redes sociais iriam glorificá-lo. Eu fiquei em choque e pensei: "Ela não sabe o que está dizendo"; como se o Espírito Santo não pudesse agir através da vida de uma criança. Mas a verdade é que eu não queria acreditar naquilo.

Alguns anos antes, quando comecei a frequentar uma igreja, publiquei um vídeo em meu canal do YouTube, no qual eu comentava sobre essa nova experiência. Naquele período, eu já trabalhava como influenciadora nas redes sociais, ainda não era convertida e falava muito sobre maquiagem, penteados e até dava dicas de relacionamentos – completamente opostas ao que acredito hoje, por conta das diversas mágoas que carregava em meu coração e que me levavam a acreditar que eu estava fadada a viver sozinha.

Dias depois, precisei ir a um show para cumprir uma agenda profissional e compartilhei que estava lá – afinal, fui contratada para divulgar o evento. Por esse motivo, recebi muitos comentários desagradáveis na publicação do vídeo: "Como assim, aceitou Jesus e agora está em um evento do mundo?"; "Ué, já desistiu?"; "Era fogo de palha, né?". Aquele dia foi desesperador.

Conforme lia os comentários, meu coração sangrava de tristeza e revolta, o que me fez questionar se estar com Cristo era o que eu queria para minha vida de fato. Desanimada, apaguei o vídeo e fiz uma promessa a mim mesma: "Nunca vou falar de Deus nas minhas redes sociais". Naquele tempo, meus irmãos me apoiaram, disseram que religião era algo muito polêmico e que seria melhor eu não abordar esses assuntos publicamente, já que não sou o tipo de pessoa que se envolve em confusões.

Confesso que não soube lidar com as críticas e julgamentos, e quase desisti de compartilhar algo que queimava em meu coração por conta da opinião dos outros, que mal sabiam a missão e o chamado que o Senhor reservava para mim – aliás, nem eu mesma sabia. Aquela foi uma situação muito complicada, porque era como se, em um dia, eu dissesse "sim" para o Senhor e, logo depois, voltasse atrás. "Deus está triste e revoltado comigo, não tem como falar dele novamente em meus vídeos", eu pensava. Você se identifica com essa história? Será que

"Nunca vou falar de Deus nas minhas redes sociais."

também tem dado muita importância para vozes alheias e se esqueceu da voz daquele que a chama?

Quando aquela menina falou que as minhas redes sociais seriam usadas para propagar a mensagem do Evangelho, eu não imaginava o que o Senhor estava prestes a fazer. E ela continuou dizendo: "Jesus chamou você para falar do amor dele!".

No dia seguinte, durante o momento de louvor em um culto da manhã – em acampamentos como esse, geralmente os cultos acontecem todos os dias pela manhã, durante a tarde e também à noite –, eu estava ajoelhada, enquanto chorava e orava: "Eu não me expresso bem, falo alto e grito, como serei capaz de falar do Evangelho?". Quando o louvor acabou, sentei-me e ouvi a voz audível do Senhor pela primeira vez: "Eu fiz você assim, e é desse jeito que vou usar você!". Foi uma experiência profundamente sobrenatural, um dos momentos mais intensos que já experimentei em minha vida até hoje – sei que ainda há muito mais para presenciar, porque ele sempre nos surpreende e faz infinitamente mais do que pedimos e imaginamos (cf. Efésios 3.20).

Depois de ser batizada pelo Espírito Santo, ouvir a voz divina, receber palavras proféticas e ter a certeza de que o Pai fala comigo, entendi que devia reconhecer minha identidade de filha e herdeira de Deus, e assumir o que ele havia colocado em meu coração. Para não deixar dúvidas, o Senhor usou uma criança de 11 anos que não me conhecia para me encorajar – porque novos convertidos são assim, costumam duvidar de tudo. Posso lhe garantir que, a partir daquele momento, eu me entreguei de corpo, alma e espírito para Jesus.

Tudo é um processo, e cada pessoa tem seu tempo de crescimento e entrega. Você pode estar no meio do caminho, mas pensa ser incapaz de chegar aonde deseja; talvez ache que Cristo não a escolheu e que o seu propósito de vida é irrelevante. Apesar do que acabei de compartilhar, eu vivi um longo processo. Na verdade, ainda estou vivendo, pois sei que o que experimentamos hoje não é nem a sombra do que Deus tem para cada uma de nós. Mas não deixe que os obstáculos ao longo da trajetória a impeçam de alcançar os sonhos do Pai para sua vida.

Ele cuida de todos os detalhes, muito antes de o conhecermos, e eu comecei a entender isso no início da minha conversão, quando participei de uma célula em meu condomínio – um encontro de grupos pequenos –, no apartamento logo acima do meu – o Senhor realmente queria ganhar meu coração de todo jeito! A líder, minha vizinha, era uma senhora que eu já conhecia, e, em um dos encontros, ela disse que o Espírito Santo havia lhe mostrado uma visão: eu subia por uma escada iluminada e muito alta, e milhares de pessoas me seguiam. E ela continuou dizendo: "Através da sua vida, muitos irão se converter e seguirão os caminhos do Senhor". Imagine o que passou pela minha mente: "O que isso significa?

Logo eu?". Soava como algo impossível para mim, mas Deus já sabia quem havia me criado para ser.

Por isso, insisto em dizer que, se nós nos engajarmos no processo de descobrir nossa identidade, não viveremos como ovelhas perdidas que tentam se satisfazer com migalhas. Quantas vezes dependemos da aprovação de pessoas para nos sentirmos amadas, elogiadas ou desejadas? Existe um anseio por atenção e amor dentro de nós, e constantemente tentamos suprir o que nos falta da maneira errada. No entanto, temos a opção de mudar a nossa forma de agir.

Pare de culpar seu passado, seus pais ou cuidadores. Nós não temos o poder de mudar o que aconteceu, mas podemos trabalhar intensamente para amenizar as feridas causadas, com o entendimento de que nossos pais também sofreram. Precisamos estender graça e misericórdia a eles, assim como o Senhor faz conosco diariamente.

A paternidade divina é a raiz de tudo: Deus tem o poder de nos transformar em filhas amadas, não mais cegas pelas dores, traumas ou vitimismo. Hoje, decida abandonar esse lugar de aprisionamento e entregue as rédeas da sua vida ao Pai. Escolha transformar o seu presente e ansiar por um futuro preparado por ele. Para ajudá-la nessa jornada, separei alguns versículos que mudaram quem sou e me fizeram compreender como o Senhor me vê.

Em lágrimas, encerro este capítulo. Não conheço a sua história ou os traumas pelos quais passou, mas sei que a verdade de quem Deus é deve permanecer em seu coração. Ele é o mesmo ontem, hoje e sempre; não muda de acordo com o que sentimos ou achamos. O Senhor nos vê como filhas, herdeiras e amigas amadas, e a escolheu para que seja uma voz propagadora do Evangelho. Mesmo que você sinta que não serve para nada, ele é especialista em transformar os improváveis em prováveis disseminadores da sua Palavra, que é viva e eficaz. Portanto, renda-se e se coloque à disposição para servir ao Reino. Espero que, no decorrer desta leitura, você continue a ser transformada por esse Deus, que entre muitos nomes, escolheu ser chamado por nós de Pai.

## *Quem a Bíblia diz que sou?*

### Você é nova criatura

*Portanto, se alguém está em Cristo, é uma nova criação. As coisas antigas já passaram; eis que se fizeram novas! Tudo isso provém de Deus, que nos reconciliou consigo mesmo por meio de Cristo e nos deu o ministério da reconciliação*
(2Coríntios 5.17-18)

### Você é filha

*Vejam como é grande o amor que o Pai nos concedeu, a ponto de sermos chamados filhos de Deus, o que de fato somos! Por isso, o mundo não nos conhece, porque não o conheceu. Amados, agora somos filhos de Deus, e ainda não se manifestou o que haveremos de ser. Mas sabemos que, quando ele se manifestar, seremos semelhantes a ele, pois o veremos como ele é.* (1João 3.1-2)

## Você é herdeira de Deus

*E, se somos filhos, também somos herdeiros de Deus e coerdeiros com Cristo. Se de fato sofremos com ele, também com ele seremos glorificados.* (Romanos 8.17)

## Você é livre

*Permaneçam firmes na liberdade para a qual Cristo nos libertou e não se submetam novamente a um jugo de escravidão.* (Gálatas 5.1)

## Você é templo do Espírito Santo

*Acaso não sabem que o corpo de vocês é templo do Espírito Santo, que está em vocês, o qual receberam de Deus? Vocês não são de vocês mesmos; foram comprados por um preço. Portanto, glorifiquem a Deus com o corpo de vocês.* (1Coríntios 6.19-20)

## Você é amiga de Deus

*Já não os chamo servos, porque o servo não sabe o que faz o senhor. Em vez disso, eu os tenho chamado amigos, porque tudo o que ouvi do meu Pai tornei conhecido a vocês. (João 15.15)*

## Deus ansiou pelo seu nascimento:

*"Antes de formá-lo no ventre, eu o escolhi; antes de você nascer, eu o separe e o designei profeta às nações".* (Jeremias 1.5)

Conseguiu compreender os bons pensamentos de Deus a seu respeito? Quero convidá-la a meditar nesses versículo, a fim de experimentar com profundidade a dimensão dessa verdade, que foi escrita há milhares de anos e que é perpetuada até hoje.

"Existe algo que Deus não fará: a nossa parte. É comum esperarmos pelo agir divino, mas já parou para pensar que ele pode estar aguardando uma ação sua?"

Capítulo 2

# A formação da *mulher* de valor

*Uma mulher de valor; feliz quem a encontrar!*
*É muito mais valiosa que os rubis.*
**(Provérbios 31.10)**

Uma vez que reconhecemos a paternidade de Deus sobre nossa vida, é fundamental compreendermos que há um padrão bíblico de conduta a ser seguido, não apenas para os cristãos de maneira geral, mas para nós mulheres. Quando leio Provérbios 31.10, penso em certas virtudes que podem definir uma mulher de valor: sabedoria, resiliência, amor, compreensão, dedicação, cuidado, amabilidade, autenticidade. Todas essas características são louváveis e essenciais para quem deseja ter um casamento e uma família abençoados, mas talvez estejam completamente distantes da realidade de muitas de nós. À vista disso, surge o questionamento: "Como chegar lá?".

Sabemos que, no dia a dia, com a rotina acelerada e repleta de imprevistos, não é tão simples alcançar esse patamar. Às vezes, parece quase impossível.

Entretanto, essa deve ser a nossa meta, e devemos pedir ao Senhor que nos ajude a atingi-la. Em primeiro lugar, é preciso entender que ser uma mulher virtuosa é um processo que não acontece da noite para o dia. Além disso, não significa que chegaremos em um nível perfeito, no qual não haverá falhas ou desânimo. A verdade é que estamos em constante aprendizado e, ao longo da jornada, seremos lapidadas como um diamante.

Se você é solteira, não pense que só precisará se tornar uma mulher virtuosa depois de se casar. Esse é o sonho de Deus para cada uma de nós e, para além do casamento, está relacionado com a vontade divina de nos transformar em pessoas que andarão neste mundo à semelhança de Cristo. Casada ou não, esse é o projeto do Senhor para a sua vida, e desenvolver tais virtudes será essencial na sua caminhada com Jesus.

Após conversar com muitas mulheres através dos meus cursos e mentorias, creio que um dos nossos maiores desafios é nos tornarmos quem Deus nos chamou para ser: mulheres sábias e plenas. E é muito importante que isso aconteça antes de nos casarmos, pois não adquirimos valor por causa do casamento; casamos porque já temos valor. Afinal, se não formos valorosas, como seremos encontradas por homens igualmente preciosos? É comum que as pessoas criem expectativas com relação ao "grande dia", porém pouco se fala sobre o que devemos fazer até que ele chegue.

Acima de tudo, é fundamental que tenhamos a nossa identidade firmada no Senhor antes de nos relacionarmos com alguém, dessa forma não seremos dependentes das opiniões alheias, seremos capazes de discernir as estações em que nos encontramos e não depositaremos o nosso propósito de vida no outro. Não podemos cair na falácia de que o objetivo do cônjuge é nos trazer felicidade. Na verdade, a nossa mentalidade deve ser oposta a isso: nós temos de nos dedicar para fazê-lo feliz. Quando somos inteiras em Cristo, não haverá necessidade de que alguém nos complete. Nessa lógica, o marido entrará em nossa vida para somar, não para suprir uma falta.

Pensar dessa forma também nos ajuda no processo de escolha e nos protege de aceitarmos migalhas. Se temos certeza de quem somos em Deus, aprenderemos a dizer não para pessoas que não estão de acordo com os planos dele para nós, não entraremos em relacionamentos por carência, ansiedade ou porque estamos "velhas demais" para esperar por alguém melhor. Uma mulher de valor não permanece em relações abusivas ou se contenta com algo inferior, pois confia que o Senhor a ama e que a vontade divina é soberana. Sim, seremos encontradas por um homem, mas isso não anula nossa responsabilidade de sabermos quem devemos ou não aceitar.

De qualquer forma, seja você casada ou solteira, empenhe-se em ser virtuosa e obediente aos princípios

“Não adquirimos valor por causa do casamento; casamos porque já temos valor.”

divinos. Somente o Senhor é totalmente perfeito, mas ele deseja nos aperfeiçoar constantemente. Lembre-se: *Deus não está preparando uma bênção para você; ele está preparando você para receber a bênção.*

Dito isso, se queremos nos tornar melhores do que somos hoje, precisamos atentar a uma das grandes referências de mulher que a Palavra de Deus nos oferece: *a mulher de Provérbios 31*, que nos ensina muito com sua forma de viver. Separei sete pontos que me chamam a atenção sobre esse modelo, a fim de que você possa aplicá-los em seu dia a dia.

## 1. Trabalho e dedicação

*É esforçada, forte e trabalhadora.*
**(Provérbios 31.17, NTLH)**

Quando comecei a destrinchar as características da mulher de Provérbios 31, o primeiro muro que desabou diante de mim foi a ideia de que o valor feminino está em atuar apenas dentro de casa. Diferente do que eu pensava, ser uma profissional que trabalha com dedicação e excelência é uma importante virtude.

Com o avanço dos anos, da tecnologia e com o surgimento da Internet, as mulheres passaram a fazer parte do mercado de trabalho e acumularam tarefas dentro e fora do lar, o que gerou em muitas um esgotamento extremo. Esse é um lugar que eu não desejaria ocupar, pois, como já comentei, vi de perto a exaustão da minha mãe ao tentar lidar com diversas demandas. A verdade é que até podemos fazer de tudo, mas não tudo ao mesmo tempo. Acredito que insistimos nessa impossível missão porque temos a tendência de canalizar o motivo de nos sentirmos importantes e amadas no que fazemos, e essa postura pode ser muito perigosa.

Nossa identidade não é definida por ofícios, funções e tarefas, e sim por nossos dons, qualidades e virtudes. Então, neste instante, separe um momento para refletir brevemente sobre os talentos e características únicas que você carrega, aquilo que a faz completamente diferente dos outros, de forma fácil, leve e sem esforço. O que seus amigos e familiares elogiam a seu respeito? Quais são os seus atributos que chamam a atenção de maneira positiva? Esse breve exercício oferecerá a você uma nova perspectiva sobre si mesma que talvez nunca tenha notado.

Quando descobrimos nossa vocação, identificando os dons e talentos que carregamos, somos capazes de definir prioridades e trabalhar com dedicação e senso de propósito. Dessa forma, assim como está escrito em Provérbios 31.17, nós nos entregaremos com vontade àquilo que nos propusermos a fazer.

Além disso, as Escrituras também afirmam que a mulher virtuosa é uma pessoa esforçada. A meu ver, isso significa que ela reconhece suas limitações e, embora seja alguém em quem devemos nos espelhar, ela não é perfeita. Mesmo assim, dedica-se ao máximo para aprender e aperfeiçoar suas habilidades, e o seu empenho é louvável.

## 2. Respeito

*Os seus filhos a respeitam e falam bem dela,*
*e o seu marido a elogia.*
**(Provérbios 31.28, NTLH)**

Tanto as casadas como as solteiras que desejam ser boas esposas, devem se atentar ao princípio do respeito. No versículo acima, lemos que o casamento da mulher virtuosa tem como base o elogio: ambos se tratam bem, incentivam-se e admiram um ao outro. Por isso, eu aconselho com veemência: não fale mal do seu marido publicamente. O Inferno se alegra quando a reputação de um homem é ferida pelas palavras de sua própria esposa. Eu sei que, às vezes, o casamento nos desafia, e nossas emoções parecem se comportar como uma montanha russa: em certos dias, estamos completamente apaixonadas por nosso marido; em outros, até um "oi" dele nos incomoda (risos).

Brincadeiras à parte, estar casada é se permitir ser moldada em todo tempo e perceber que algumas feridas em nosso interior na verdade não estão tão cicatrizadas quanto pensamos. Por mais desafiador que possa ser o seu relacionamento, não difame aquele a quem você prometeu amar e respeitar. Isso não quer dizer que você não possa desabafar sobre suas dificuldades, mas converse com as pessoas certas, a fim de receber consolo e conselhos sábios. Escolha ser vulnerável com aqueles que impulsionam você a se tornar alguém melhor, que irão confrontá-la em amor e lhe mostrarão novas perspectivas, em vez de apenas fofocar.

Outro trecho de Provérbios 31.28 que não pode passar despercebido é: "*seus filhos a respeitam*", NTLH. Exigir respeito não é assumir uma postura inflexível ou briguenta. Devemos impor limites, sem deixar de lado o cuidado e o amor. Os filhos elogiam a mãe, porque observam a forma como ela trata o seu marido – e vice-versa. Em seguida, eles imitam seu comportamento. Isso revela que nossas palavras podem alcançá-los, mas o exemplo os arrasta. Como isso é lindo.

## *3. Serviço*

*Antes de clarear o dia, ela se levanta,*
*prepara a comida para todos os da casa*
*e designa tarefas às suas servas.*
**(Provérbios 31.15)**

Ao ler esse versículo, outro muro foi derrubado em minha mente. Por mais que a mulher virtuosa tenha a ajuda de suas servas, acorda antes de todos e tem prazer em servir sua casa. Essa postura é admirável, pois ela entendeu que o mais importante não é ter alguém que faça as tarefas em seu lugar. Pelo contrário,

"Deus não está preparando uma bênção para você; ele está preparando você para receber a bênção."

maior é aquele que serve com honra e alegria, como ensinou Jesus:

> *[...] Os reis das nações as dominam, e os que exercem autoridade sobre elas são chamados benfeitores. Vocês, porém, não serão assim. Ao contrário, o maior entre vocês deverá ser como o menor, e aquele que governa, como o que serve. Pois quem é maior: o que está à mesa ou o que serve? Não é o que está à mesa? Eu, porém, estou entre vocês como quem serve.*
> **(Lucas 22.25-27)**

Não devemos fazer nossas tarefas por obrigação, mas pela satisfação em poder cuidar da nossa casa, transformá-la em um lar, um ambiente prazeroso e seguro.

Desde que meu primeiro filho nasceu, sinto isso na pele, e decidi diminuir o ritmo acelerado em meu trabalho. Como disse, não há nada de errado em ter uma vida profissional, mas a chegada dele me mostrou o valor que existe em servir, priorizar minha família e, claro, cuidar de mim mesma. Não podemos negligenciar o autocuidado, porque precisamos nos sentir dispostas para estarmos aptas a servir os outros. Além disso, compreendi que nossa vida é permeada por estações, e o tempo passa rápido demais, por isso desejo aproveitar cada fase com meus filhos intensamente.

Eu agradeço a Deus todos os dias pelo privilégio de encontrar prazer em cuidar da minha família, mas nem sempre foi assim. Eu enfrentei muitos episódios de estresse, e diversas vezes me rendi à preguiça, principalmente com relação aos afazeres da casa. No entanto, após entender que todas as coisas devem ser feitas, em primeiro lugar, para o Senhor, passei a realizá-las com excelência.

Em Provérbios 31.15, a mulher de valor cumpre com seus afazeres não porque carece de ajuda, e sim porque os faz enquanto delega outras tarefas para suas servas. Essa conduta revela organização, planejamento e um trabalho digno. Quando você é sábia, não há sobrecarga ou culpa – um dos piores sentimentos que podemos carregar ao longo da vida. Diversas vezes, já escutei esta frase: "Nasce uma mãe, nasce uma culpa!". É verdade que temos o péssimo costume de nos culparmos por quase tudo, preocupadas com o que fizemos ou deixamos de fazer. Entretanto, você precisa entender que, a fim de oferecer o melhor aos seus filhos, deve ser gentil consigo mesma, perdoar-se e abandonar o peso que carrega sobre seus ombros. Não é uma tarefa simples, mas é possível.

## 4. Força e dignidade

*É forte, respeitada e não tem medo do futuro.*
**(Provérbios 31.25, NTLH)**

A mulher de valor tem convicção de sua identidade e suas características são visíveis. Posso imaginar as conversas daqueles que conviviam com ela e se impressionavam com sua conduta: "Essa mulher deve explodir em algum momento quando está em casa"; "Não é possível que exista alguém tão resiliente assim". Sim, é muito provável que ela tenha passado por imprevistos, porém, já que sabia exatamente quem era e o que nasceu para fazer, não se deixava sobrecarregar, pois agia com sabedoria, determinação e paciência.

Nesse sentido, é importante atentarmos: cumprir com o que deve ser feito nem sempre será confortável. Muitas vezes, você precisará se esticar a fim de realizar o que foi planejado, mas a Palavra nos garante que teremos a ajuda de Cristo nessa jornada:

> *Tomem sobre vocês o meu jugo e aprendam de mim, porque sou manso e humilde de coração, e vocês encontrarão descanso para a alma. Pois o meu jugo é suave, e o meu fardo é leve.*
> *(Mateus 11.29-30)*

## 5. Administração sábia dos recursos

> *O seu marido tem plena confiança nela, e nunca lhe falta coisa alguma.* **(Provérbios 31.11)**

A mulher de valor tem a confiança de seu marido, outra característica fundamental encontrada no capítulo 31 de Provérbios. Essa segurança é forte o suficiente para sustentar seu lar e lhes garantir provisão, a ponto de terem a certeza de que jamais passarão necessidade.

Esse versículo não fala sobre a abundância de bens materiais, mas sim sobre a prudência da mulher, que investe o dinheiro da família da maneira correta, usa seus recursos com entendimento e não os gasta com futilidades.

Certo dia, eu estava escolhendo um presente para uma grande amiga da família e mandei uma mensagem ao meu marido perguntando qual valor poderíamos gastar – como sempre faço, pois gosto que ele participe das decisões. "Amor, não sei. Confio no seu bom senso!", ele escreveu. Quando li sua resposta, sorri espontaneamente e me alegrei por perceber que ele me conhece genuinamente, sabe que cuido do que é nosso de forma ponderada, discreta e sem grandes estripulias.

## *6. Feminilidade*

> *A beleza é enganosa, e a formosura é passageira, mas a mulher que teme ao SENHOR será elogiada.* **(Provérbios 31.30)**

Quando falamos sobre feminilidade, temos o costume de nos referirmos a camisas floridas, unhas feitas, penteados, maquiagem e vestidos delicados. É claro que a nossa aparência deve ser levada em consideração, pois a forma como nos vestimos revela muito sobre o nosso interior. Devemos nos arrumar e cuidar do nosso visual, mas ser feminina vai muito além disso.

Há uma história que exemplifica muito bem o que quero dizer. Anos atrás, eu tinha uma professora que era

"Não fale mal do seu marido publicamente."

uma das mulheres mais elegantes que eu já havia conhecido: suas roupas, maquiagem e acessórios eram impecáveis, ela falava de uma maneira suave, não levantava a voz, era muito comedida e seus gestos eram discretos. Ao contemplá-la, eu pensava: "Acho que preciso ser menos expressiva e mais refinada como ela". Na minha cabeça, se eu conversasse baixo e assumisse uma postura sóbria, eu seria mais feminina. O problema, porém, era que aquela maneira de se portar não condizia com a minha identidade, já que sempre fui muito falante, divertida e extrovertida.

Para a minha surpresa, certo dia encontrei aquela professora fumando no final de uma das aulas, e a imagem que eu havia construído a respeito dela foi completamente destruída. Ela já não era mais uma mulher elegante, mas cheirava mal, tinha mau-hálito, espalhava fumaça nas pessoas que passavam pela calçada e jogava bitucas de cigarro no chão. Uma total decepção. A partir de então, o meu conceito de feminilidade se transformou. Entendi, então, que ele está relacionado com o que carregamos em nosso coração, não com uma postura que assumimos quando somos vistas pelos outros.

A meu ver, ser feminina é ter autenticidade, doçura, leveza e alegria de espírito. É ser menos estressada, mais otimista, espontânea e ter a habilidade de transformar atmosferas com graciosidade e amor. Mulheres briguentas, constantemente estressadas e impacientes, além de perderem seus traços femininos, passam uma imagem de brutalidade e se tornam um peso para sua família. A Palavra diz: "Melhor é viver no deserto do que com uma mulher briguenta e irritada" (Provérbios 21.19); "A esposa briguenta é como goteira constante em um dia chuvoso" (Provérbios 27.15). Mais do que cílios postiços, salto-alto ou roupas cheias de babados, a feminilidade está em assumir nossa identidade e deixar que o Espírito Santo molde o nosso temperamento.

## *7. Valor*

*Como é difícil encontrar uma boa esposa!*
*Ela vale mais do que pedras preciosas!*
**(Provérbios 31.10, NTLH)**

Para finalizar a aula que recebemos com a mulher de Provérbios 31, esse é o versículo que traz uma das citações mais conhecidas da Bíblia. Uma boa esposa realmente vale muito mais do que qualquer joia preciosa. Ela é divinamente graciosa, leve, divertida, determinada, amável, dedicada, mulher de oração, que ama, cuida e zela pelos seus.

Ao longo dos meus atendimentos, tive acesso a inúmeras histórias de famílias e casamentos, e posso lhe garantir que uma casa fortalecida por uma mulher sábia prospera e avança, pois ela é de fato a coluna do lar, capaz de transformar sua família em uma incrível potência. Em contrapartida, a mulher tola pode fazer com que sua casa se torne um verdadeiro inferno, onde todos têm medo.

Uma vez, escutei uma história interessante: em certa família, quando o pai acordava estressado, a mãe conseguia controlá-lo, mandava-o para o trabalho mais cedo e ele saía de casa sem importunar ninguém. Se os filhos se levantassem estressados, a mãe, com todo seu amor, preparava a comida favorita deles, oferecia carinho, dava beijinhos, e a raiva passava. Agora, se ela acordasse irritada, é certo que essa casa perderia totalmente o controle e todos sofreriam, pois só Deus seria capaz de resolver a situação.

Esse cenário ilustra claramente o valor de uma mulher resiliente, que consegue discernir as emoções dos membros de sua família, a fim de contornar qualquer percalço. As Escrituras afirmam: "A mulher sábia edifica a sua casa, mas a insensata a derruba com as próprias mãos" (Provérbios 14.1). Veja, portanto, como temos uma grande responsabilidade e influência dentro do nosso lar. Sim, o homem é aquele que provê, lidera e dá a vida por sua esposa, mas nós também carregamos uma missão extremamente importante: como colunas, contribuímos para que nossa casa se mantenha de pé.

Com isso, não quero lhe trazer um peso. Como seres humanos, por diversas vezes falharemos, enfrentaremos dias de cansaço, desânimo e estresse. No entanto, devemos estar atentas para que nossa família não seja impactada negativamente pelo nosso comportamento insensato. Cuide-se, pratique exercícios, peça ajuda, tenha amigas que consigam auxiliá-la nos dias difíceis, clame ao Espírito Santo por discernimento e lembre-se de que seu marido e filhos contam com você.

Por isso, insisto que é essencial se preparar antes de se casar. Eu pesquisei sobre o assunto e li diversos livros para entender como me tornar uma mulher melhor para o meu esposo. Mesmo que eu ainda não o conhecesse, nunca deixei de acreditar que minha hora chegaria. Que possamos aprender com os ensinamentos de Provérbios 31 e buscar, a cada dia, mais sabedoria, esperança, coragem e fé.

## *O que você pode melhorar?*

Ao longo dos anos em que estudei e conversei com inúmeras mulheres, percebi que havia um conjunto de características que se destacavam em algumas delas e que faltavam em outras, principalmente em relação àquelas que estavam à espera de um marido. Normalmente, essas mulheres deixam que a ansiedade tome conta de suas mentes, e passam a fazer escolhas baseadas na carência e no desespero.

Além disso, quando estamos à procura de um marido, não devemos apenas atentar ao comportamento dos homens com quem conversamos, mas, em especial, à nossa própria postura. É por esse motivo que afirmo com sinceridade e amor: não aja como uma terapeuta ao sair com alguém pela primeira vez. Já ouvi incontáveis histórias de amigas e conhecidas que saíram com um rapaz para tomar um simples café — uma atividade que, geralmente, é leve e descontraída – e, durante a conversa, davam lição de moral, criticavam o seu comportamento e se intrometiam em questões pessoais. Em muitos casos, os rapazes escolhiam manter apenas a amizade, ou se distanciavam por considerarem essas mulheres prepotentes e autoritárias. Agindo dessa forma, elas passavam a impressão de que queriam oferecer uma sessão de mentoria, não uma oportunidade para que se conhecessem melhor. Portanto, cuidado!

Mesmo depois de casada, não é saudável bancar a terapeuta do seu cônjuge. Em uma sessão de terapia, compartilhando sobre algumas questões do meu casamento com a minha psicóloga, comentei que o meu marido deveria procurar um acompanhamento profissional, pois eu não tinha uma visão imparcial sobre sua situação e não era capaz de ajudá-lo sem deixar que minhas emoções o influenciassem. Ela aprovou o meu posicionamento e disse que eu não seria a melhor pessoa para auxiliá-lo, mesmo com os meus estudos em psicologia. Se não devemos fazer isso dentro do nosso casamento, que dirá no primeiro encontro.

Diariamente, em minhas redes sociais, recebo mensagens do tipo: "Não sei mais o que fazer"; "Acho que vou desistir"; "Já conheci dois rapazes, e não deu em nada" ou: "Não existem mais bons homens cristãos". E sempre me pergunto: será que o problema está mesmo nos outros? Não temos controle sobre as atitudes de outras pessoas, mas podemos aprimorar as nossas.

Para isso, precisamos ser sinceras e nos questionarmos, com o objetivo de entender em qual área podemos crescer.

Muitas de nós – e até alguns homens – que se encontram no processo de espera, no qual a ansiedade, carência, solidão e tristeza tomam conta, criam a ilusão de que o casamento resolverá todos os seus problemas, e não é bem assim que o matrimônio funciona. Se as suas batalhas internas, dores, frustrações e crenças não forem tratadas, elas continuarão a acompanhá-la.

Perdi a conta de quantas vezes ouvi esta pergunta: "Como saber se estou pronta para me casar?". E eu creio que estaremos minimamente preparadas quando esse sonho deixar de ser um ídolo em nosso coração. Priorize, acima de tudo, o Reino de Deus, desenvolva-se emocionalmente e aprofunde sua intimidade com Cristo. No tempo determinado pelo Senhor, o seu futuro esposo surgirá. Porém, enquanto isso não acontece, não permita que o anseio pelo casamento se transforme em uma obsessão.

Tenha em mente também que um relacionamento demanda tempo e dedicação. Possuo uma grande amiga que se angustiava por ser incapaz de encontrar um homem com quem se casar. Porém, ela era uma mulher ocupada, viajava constantemente e mal tinha espaço vago em sua agenda. Como um homem encontraria nela uma pessoa estável, com disponibilidade para ser mãe, administrar uma casa e construir uma relação sólida se

“Não é saudável bancar a terapeuta do seu cônjuge.”

ela mal parecia ter tempo para conhecer alguém? Pode parecer óbvio, mas, por vezes, o óbvio precisa ser dito.

De acordo com a sua situação hoje, você tem tempo para namorar? Seus muitos afazeres a impedem de se conectar com um possível pretendente por estar ocupada demais? Como é a sua rotina, quais são suas demandas atuais e o quão estável tem sido a sua vida? Imagine que um rapaz lhe mande uma mensagem, convidando-a para um encontro, e você responda: "Olha, até podemos nos ver, mas preciso que seja rápido porque tenho um compromisso logo depois". Como acha que ele se sentiria?

Se você deseja se casar, comporte-se como uma esposa, ainda que seja solteira. Esteja disponível, ande com boas influências – de preferência, pessoas casadas e mais experientes –, tenha conversas maduras, fuja de fofocas, não se rodeie de homens – isso pode afastar aqueles que estão interessados em você –, atente-se ao seu linguajar, às suas vestimentas, aos lugares que frequenta, aos vídeos que assiste, às músicas que ouve. Não viva em imoralidade sexual, trate suas questões emocionais e resolva suas pendências.

Quando eu estava na fase de espera, uma amiga que havia se casado recentemente me perguntou: "O que você acha que ainda precisa melhorar? O que Deus quer ensinar a você nesse tempo de espera? Talvez, algo que será muito útil em seu casamento". Eu nunca tinha enxergado a minha situação sob aquela perspectiva.

Não me faltava algo, mas compreendi que as qualidades que eu já carregava ainda precisavam ser desenvolvidas.

Naquele instante, lembrei-me de Ester, um livro que sempre me impactou por ser muito similar à minha história de vida, sobretudo por conta da orfandade da jovem judia. Em seguida, uma palavra surgiu em minha mente: *resiliência*. Ester precisou ser resiliente para salvar seu povo e não se deixar abater diante do perigo. Fazendo uma autoanálise, eu sabia que tinha essa qualidade, mas também entendia que ela poderia ser lapidada.

Hoje, já casada, percebo o quanto foi importante desenvolvê-la com afinco antes de me casar, pois a resiliência é a capacidade de enfrentar os desafios da vida com fé e esperança, respeitar o tempo de Deus e deixar de desejar que tudo aconteça conforme a nossa vontade. Por meio dessa confiança na soberania do Senhor, adquirimos a paz que Cristo nos oferece, mesmo em meio às aflições deste mundo:

*Eu disse isso para que em mim vocês tenham paz. Neste mundo, vocês terão aflições; contudo, tenham coragem! Eu venci o mundo.*
**(João 16.33)**

Agora, pergunte a si mesma: "O que ainda preciso desenvolver?". Existem muitas qualidades que uma mulher de Deus deve apresentar: paz de espírito, benignidade, humildade, um caráter misericordioso, paciência, amor-próprio. Aconselho que você aprofunde o seu conhecimento sobre as mulheres da Bíblia, pois suas narrativas nos garantem aprendizados preciosos. Constantemente, as pessoas me perguntam: "Quais livros devo ler para aprender a esperar em Deus?"; "Quais livros me ajudarão em meu casamento?". Além deste que você tem em mãos, recomendo, em primeiro lugar, que você leia as Escrituras, pois elas foram essenciais para que eu identificasse e corrigisse meus maiores defeitos, e aprimorasse minhas virtudes.

Lembre-se de que o poder restaurador do Espírito Santo nos auxilia em todo tempo. Através dele, receberemos graça para nos tornarmos mulheres semelhantes a Cristo, prudentes, amáveis, dedicadas e que caminham de glória em glória. Independentemente do que vivenciou até aqui, o Senhor enxerga valor em você. Tenha um coração ensinável e deixe que ele lhe mostre a preciosidade que há em ser uma filha virtuosa do Pai.

"Se você deseja se casar, comporte-se como uma esposa, ainda que seja solteira."

Capítulo 3

# *Família,* um projeto divino

*Então Deus os abençoou e disse: "Sejam férteis e multipliquem-se. Encham e governem a terra. Dominem sobre os peixes do mar, sobre as aves do céu e sobre todos os animais que rastejam pelo chão".* **(Gênesis 1.28, NVT)**

"*Nenhum sucesso na vida compensa o fracasso no lar*".[1] Eu amo essa frase porque ela descreve perfeitamente o que acredito e busco com unhas e dentes: dedicar-me com inteireza à minha família. Em uma empresa, somos substituíveis – até mesmo o dono pode ser trocado por outra pessoa. É muito provável que o local onde você trabalha seja capaz de funcionar normalmente por alguns bons anos sem o seu comparecimento, porém seu lar, jamais. A nossa presença dentro de casa deve ser inegociável.

[1] Frase proferida pelo religioso estadunidense David O. McKay. No entanto, sua origem é incerta. Acredita-se que seu verdadeiro autor seja Benjamim Disraeli, político britânico do século 19.

Podemos ter uma rede de apoio – parentes, amigos, funcionários – que nos ajude a lidar com as demandas, mas o seu lugar não pode ser ocupado por outros. Eu perdi minha mãe quando tinha 15 anos e posso lhe garantir que nada nem ninguém foi capaz de substituí-la. O amor, a doçura, a companhia, o carinho, as palavras, nunca haverá alguém igual. Se você é mãe, estar ao lado dos seus filhos e participar da vida deles é um dos maiores presentes que poderá lhes oferecer.

Como já compartilhei, não tive referência de um lar estruturado ao longo da minha criação: papai, mamãe e filhinhos em casa, onde tudo funciona harmonicamente e cada um desempenha seu respectivo papel. Mesmo assim, sei que posso me empenhar na estruturação da minha família, e essa mentalidade também se aplica a você, caso se identifique com a minha história.

Para isso, é crucial curar as feridas da alma, tratar a mente e liberar perdão. Talvez você precise perdoar seus pais pela ausência deles em seu cotidiano; por terem lhe cobrado muito, ou pouco; pelas escolhas que a colocaram em posições com as quais você não soube lidar – e até hoje não sabe; por proferirem palavras negativas; pelas muitas palmadas que levou; enfim, eles também merecem receber o nosso perdão.

Você já separou um tempo para refletir sobre o passado deles? No contexto em que foram criados, existia paz, harmonia, amor e cuidado? Quando pensei sobre isso, compreendi que meus pais me ofereceram algo infinitamente melhor do que aquilo que receberam, e isso revela um esforço sobrenatural. Já adulta, reconheço sua dedicação em nos criar e educar da forma mais amorosa que conseguiram, ensinando-nos princípios e valores na tentativa de construir um legado.

Imagino que as circunstâncias seriam muito diferentes se tivessem a oportunidade de estudar sobre inteligência emocional, feridas da alma, repetições de padrão e, acima de tudo, conhecer Jesus e serem capazes de passar todos os ensinamentos de Cristo para a próxima geração. De qualquer modo, como costumo dizer, apesar de não podermos mudar o nosso passado, temos influência sobre o presente e o futuro. Além disso, não devemos nos esquecer de que estamos no comando da nossa vida, mas Deus detém a soberania. Isso significa que somos livres para estudar, ler, buscar tratamentos, orar, jejuar, louvar, trabalhar, enfim, fazer a nossa parte, contanto que estejamos cientes de que a vontade de Deus sempre prevalecerá.

Muitas mulheres culpam seus pais pela forma como foram criadas, colocam-se na posição de juízas, como se fossem as donas da razão, e criam verdadeiros muros emocionais. Por conta disso, vivem dominadas pelo sentimento de amargura a ponto de desistirem da construção de uma família.

Mas eu penso que aceitar a missão de edificar um lar feliz, estruturado e fiel aos valores cristãos é a oportunidade de escrever uma nova história e calar as mentiras do Inimigo. Há um longo processo a ser percorrido até que isso aconteça, mas, quanto antes você começar, mais rápido será. Apesar das dores, não desista da sua grande chance de construir algo diferente, pois a família é o nosso ministério primordial, e é por essa razão que o Inferno tenta atacá-la de todas as formas. Diante disso, nosso papel é avançar na luta para deixar um legado de esperança e restauração em Cristo.

## *Um projeto de Deus*

Minha mãe se esforçava para ser excelente em tudo. Lembrar de seu empenho me traz inspiração e, ao mesmo tempo, perplexidade. Constantemente, eu me pergunto: "Como ela dava conta?". Imagino que, de alguma forma, ela não conseguiu lidar com todas as demandas: faleceu muito cedo, frequentemente reclamava de sua solidão, acumulou diversas frustrações ao longo da jornada, e eu pude notar que ela se culpava por suas más escolhas.

Sempre reconheci o valor dos muitos papéis que ela exercia e tenho em meu coração que deu o seu melhor. No entanto, penso que poderia ter cuidado um pouco mais de si mesma, principalmente de suas emoções, por conta das situações extremamente desafiadoras que enfrentou no casamento e na vida como um todo. Por vezes, passávamos por apertos financeiros e ela sempre preferiu pagar terapia para nós em vez de investir em sua própria saúde emocional.

Como mãe, entendo completamente o sacrifício que fazemos para o bem dos nossos filhos – desde a privação de sono, até tentar administrar as muitas tarefas sem falhar em nenhuma delas –, mas creio que não podemos deixar de lado o nosso aperfeiçoamento como seres humanos, a fim de oferecermos a eles o melhor exemplo possível.

Via minha mãe se desdobrar em mil para dar conta de tudo e, obviamente, ela não conseguiu, pois é humanamente impossível que uma pessoa se submeta a tantos papéis e seja bem-sucedida em todos eles. Ela foi excelente em diversas funções, mas carregava uma grande culpa pelas falhas que cometia. Por isso, decidi que agiria diferente em certos aspectos, principalmente com relação ao meu casamento, pois presenciei seu sofrimento após ser traída e abandonada.

Quanto ao meu pai, fui capaz de reconstruir nossa relação, mas me entristeço ao lembrar que, por muito tempo, senti raiva dele, já que eu apenas conhecia um lado da história – aquele que minha mãe contava. Depois que ela faleceu e passei a morar com ele, precisei ressignificar muitas ideias que havia criado a seu respeito.

Involuntariamente, eu o comparava com ela. Sei que essa comparação era injusta, mas, durante quase quinze anos, fui criada somente pela minha mãe e não tinha um relacionamento profundo com meu pai. Nos fins de semana, eu ia para a casa dele a contragosto, apenas porque ela me incentivava, mas logo queria voltar.

De certa forma, alegro-me por ter aproveitado intensamente a companhia de minha mãe, já que ela faleceu cedo. Porém, depois de sua partida, precisei me esforçar muito para restaurar a minha relação com meu pai.

Em um belo dia, acordei e pensei: "Vou perdoar esse cara"; e essa decisão mudou completamente a minha vida. Sim, constantemente me referia a ele como "cara", e hoje me envergonho pela forma como eu o tratava. Mas eu não conhecia Cristo e era uma adolescente imatura, ainda em luto pela perda da mãe.

Compartilho isso com riqueza de detalhes, para que você entenda que situações desafiadoras acontecem com todas nós. O fato de eu ser uma figura pública que compartilha a Palavra de Deus nas redes sociais não significa que minha trajetória até aqui tenha sido perfeita ou que sempre me orgulhei de quem fui. Pelo contrário, em todo tempo trago à memória o que diz o salmista:

*Sonda-me, ó Deus, e conhece o meu coração;*
*prova-me e conhece as minhas inquietações.*
*Vê se no meu caminho algo te ofende e*
*dirige-me pelo caminho eterno.*
**(Salmos 139.23-24)**

É fundamental permitirmos que o Senhor examine o nosso coração continuamente, sem nos esquecermos de quem somos: pecadoras perdoadas. Todos temos falhas, inclusive nossos pais. Por isso, o perdão é o primeiro passo para o recomeço, e o Espírito Santo nos ajuda nesse processo. Não é algo que acontece em um piscar de olhos, mas quando decidimos perdoar, dia após dia, abrimos espaço para que Deus transforme e cure nossos corações.

Diariamente, recebo mensagens de mulheres solteiras que anseiam construir suas famílias, mas ainda se encontram completamente feridas pelo que viveram dentro de casa durante sua infância e adolescência.

Infelizmente, a sociedade atual incentiva a busca pela felicidade a qualquer custo, e isso significa que, se não estivermos contentes com nosso casamento, a solução será o divórcio. É como se o casal fizesse um combinado antes de se comprometer: "Se não der certo, separamos e partimos para a próxima". Assim, tratam as pessoas como objetos descartáveis, e seus relacionamentos se tornam substituíveis, desrespeitosos e egoístas.

A situação se tornou tão preocupante, que alguns movimentos até mesmo incentivam pessoas a não terem filhos, com a justificativa de que poderão aproveitar a vida, viajar e fazer compras sem terem de se preocupar com os custos e demandas de uma criança. Acredito que isso é o mesmo que desfrutar de uma solidão eterna. Esses jovens, quando chegarem ao fim de suas vidas, muito provavelmente olharão para trás e se darão conta de que tudo o que acumularam foram bens materiais, em vez de emoções, histórias e um verdadeiro legado, o que considero uma tristeza.

Respeito pessoas que não desejam se casar ou ter filhos – refiro-me àqueles que fazem essa escolha voluntariamente, e não aos casais que, apesar de muito tentarem, ainda não conseguiram engravidar; para estes, sigo crendo no milagre que Deus pode fazer. Entendo que todos são livres para realizarem suas próprias escolhas, mas sempre insistirei em questionar: *por quê? Qual a* ***raiz*** *dessa decisão?* De onde vem o desejo de permanecer solteira? Será que isso está associado a certas frustrações, crenças nocivas e traumas que a distanciam do grande propósito de Deus?

Se você é cristã, deve saber que esse é um projeto dele para sua vida – a não ser que se sinta chamada para viver em celibato (cf. Mateus 19.11-12). De acordo com as Escrituras, depois que homem e mulher foram criados à semelhança de Deus, a família foi instituída por meio da ordem divina: "[...] Sejam férteis e multipliquem-se [...]" (Gênesis 1.28); desde então, tornou-se o alicerce da sociedade.

Por meio dela, homem e mulher formam uma aliança eterna, engajados na missão de criarem seus filhos para a glória de Deus, transmitindo, de geração em geração, seus preciosos ensinamentos e as maravilhas que ele é capaz de realizar (cf. Deuteronômio 4.9). Famílias saudáveis, unidas pelo amor do Senhor e estruturadas em princípios bíblicos são aptas para transformar culturas, curar nações, alcançar os perdidos e contribuir poderosamente para a expansão do Reino de Deus.

Essa verdade não pode ser perdida e deve ser proclamada aos quatro cantos da Terra.

Além disso, é uma instituição essencial para o desenvolvimento saudável da sociedade, pois é por meio dela que adquirimos princípios, valores, crenças e a formação da nossa identidade. Na dinâmica de um lar, entendemos sobre amor, entrega, dedicação, legado, genética, hereditariedade e herança. Entretanto, nos últimos anos, lamentavelmente, o conceito de família tem sido deturpado: o certo virou errado; e o que era errado, hoje, é visto como certo.

Independentemente da fé professada, creio que sempre vale a pena questionar a si mesma. Entenda: meu intuito não é fazê-la mudar de ideia, mas levá-la a compreender a motivação por trás de suas escolhas, para que, no futuro, você não se arrependa.

Digo isso porque, em alguns momentos da minha vida, o casamento e a construção de uma família pareciam projetos inalcançáveis. Esse sentimento era proveniente das experiências ruins pelas quais passei e do relacionamento dos meus pais – que envolveu traição, bebida, descaso, abandono, mágoas –, e eu não desejava repetir esse padrão. Vi também o desgaste que minha mãe sofreu ao tentar ser "Pãe": uma mãe que também exerce o papel de pai – no bairro em que morávamos era tão comum ter pais separados, que as pessoas usavam esse trocadilho com naturalidade.

Eu temia sofrer o mesmo em meus relacionamentos e acreditava que todas as relações amorosas fracassariam,

"[...] estamos no comando da nossa vida, mas Deus detém a soberania."

até que cheguei a pensar: "Casar para quê? Para ser traída, abandonada e terminar sozinha? Amar de corpo e alma, e ser trocada? Não!". Essa era a minha resposta, mas, no fundo, eu amava uma comédia romântica e me alegrava em ver famílias bem-sucedidas e felizes. Na verdade, este era o meu grande sonho: ser mãe e ter um casamento repleto de amor.

O problema era que todas as ideias que instaurei em minha mente não me deixavam enxergar e viver isso. Como tive um péssimo exemplo em casa, decidi que era melhor evitar possíveis frustrações e não sonhar com aquilo, mesmo que eu me sentisse só e insatisfeita. No entanto, durante o meu processo de desenvolvimento pessoal, emocional e espiritual, o próprio Espírito Santo me convenceu gradualmente de que, sim, esse era um plano de Deus para minha vida.

O fato de o relacionamento dos meus pais não ter dado certo não significava que eu estava fadada a um divórcio. É impressionante como certos pensamentos, por estarem tão solidificados em nossa mente, podem nos prejudicar e nos fazer desistir sem ao menos tentar.

## *Desmascarando as mentiras da mente*

Chamamos de crença toda a programação neural adquirida ao longo dos anos que influencia a nossa interpretação de mundo. Elas determinarão seu comportamento, atitudes, resultados, conquistas e, de maneira geral, a sua qualidade de vida. Muitas vezes, provém daquilo que ouvimos dos nossos pais – ou figuras de autoridade – quando pequenas e que se instalou em nosso subconsciente. O que isso quer dizer? Se você foi criada por pessoas negativas, pessimistas ou depressivas, de alguma forma, o ambiente dominado por essas perspectivas incutiu em você esses mesmos ideais.

A minha mãe sempre teve a intenção de me criar com crenças positivas, como: "Eu sou forte"; ou: "Eu sou corajosa". Certa vez, eu estava prestes a participar de um desfile na escola que frequentava, mas sentia muita vergonha e pensava em desistir. Eu era gordinha, achava-me feia e usava uma roupa de ginástica que me deixava desconfortável. Lembro-me, como se fosse hoje, das palavras dela: "Você vai, porque você é linda". Naquele momento, minha mãe gerou em mim crenças positivas de autoafirmação, que me deram intrepidez para enfrentar o medo, no "estilo Pequena Miss Sunshine" – eu me identifico muito com esse filme.[2] Sou grata por poder relembrar os desafios que vivi, recordar os livramentos de Deus, e sentir a alegria de saber que não sucumbi em meio aos medos, angústias e vergonha.

Mas nem tudo são flores. Mesmo sem perceber, minha mãe também gerou em mim crenças ruins. Ao mesmo tempo que ela era uma pessoa forte, ousada e alegre, comportava-se como uma mulher desanimada, carente,

---

[2] PEQUENA MISS SUNSHINE. Direção de Jonathan Dayton e Valerie Faris. Produção de Albert Berger, David T. Friendly, Peter Saraf, Marc Turtletaub e Ron Yerxa. Estados Unidos: Fox Searchlight Pictures, 2006.

triste e com baixa autoestima, e isso me prejudicou em alguns aspectos.

As nossas crenças são forjadas em nós desde que somos bebês. Já no ventre materno, somos capazes de sentir se somos amadas e desejadas. Chegamos ao mundo como um papel em branco – com exceção do nosso temperamento, que acredito ser algo intrínseco –, portanto a criação que recebemos pode definir o tipo de pessoa que seremos no futuro.

Se somos criadas em uma família que constantemente luta para se manter estável financeiramente ou que tem comportamentos "mesquinhos", muito provavelmente teremos dificuldade em atingir sucesso financeiro na vida adulta. Enquanto não reconhecermos essa crença que nos limita e reprogramarmos o nosso entendimento, tudo que fizermos para prosperar terá grandes chances de regredir. Inconscientemente, guardamos na memória os momentos em que nossos pais nos negavam presentes, ou reclamavam da falta de dinheiro, com frases do tipo: "Nunca tenho dinheiro para nada!"; "Seu pai é um pão duro!".

No meu caso, estava presa à crença do abandono – já que, como disse anteriormente, o meu pai nos deixou quando eu ainda era uma criança. A minha mãe reconheceu essa questão emocional, mesmo sem saber o que era especificamente, e buscou acompanhamento psicológico para mim e meus dois irmãos. No entanto, depois que ela faleceu e eu passei a morar com meu pai, tive de frequentar a terapia escondida, pois, naquela época, ele acreditava que ir ao psicólogo era coisa para "pessoas loucas".

Hoje, fico feliz em ter investido na minha saúde emocional. Quem nunca disse odiar algo no próprio pai ou mãe e, quando adulto, se viu reproduzindo a mesma atitude? Não podemos nos culpar quando reconhecemos em nós traços que criticávamos em nossos pais – ou até mesmo em pessoas que conhecemos ao longo da vida –, pois absorvemos esses comportamentos mesmo sem perceber.

Como costuma dizer o master coach Paulo Vieira[3], as crenças se instauram por meio de um forte impacto emocional ou por repetição. Por exemplo, diversas vezes eu ouvi afirmações como: "O dinheiro não dá para nada"; "Rico é tudo ladrão"; "Homem não presta". E todas elas se tornaram grandes verdades para mim.

Além disso, crenças são autorrealizáveis: moldam a nossa realidade e nos fazem pensar que aquilo em que acreditamos, de fato, é o que acontece. Portanto, se eu creio que sou fraca, que não sou capaz de sair da situação em que me encontro, que não consigo ler um livro por mês, emagrecer ou me tornar independente financeiramente, realmente não alcançarei esses objetivos, pois é justamente nisso em que acredito.

---

3 Paulo Vieira é PhD em Business Administration e Mestre em Coaching pela Florida Christian University (FCU). Criador do Método CIS: metodologia do coaching integral sistêmico.

Vejamos um exemplo. Se você diz: "Só arrumo homem que não quer nada sério"; "Ninguém serve para nada"; "Eu tenho o dedo podre"; o que acontece? É óbvio que apenas encontrará rapazes que não desejam se comprometer em um relacionamento e que têm grandes chances de feri-la.

As crenças negativas não apenas nos paralisam, como também dificultam que vejamos o que acontece de bom ao nosso redor. Por exemplo, no capítulo 24 do Evangelho de Lucas, Jesus encontrou dois de seus seguidores que discutiam enquanto caminhavam até Emaús. Cristo se aproximou para participar da conversa, mas eles não conseguiram reconhecê-lo:

> *Ele [Jesus] lhes perguntou: – Sobre o que vocês estão discutindo enquanto caminham? Eles pararam, com o rosto entristecido. Um deles, chamado Cleopas, perguntoulhe: – Você é o único visitante em Jerusalém que não sabe das coisas que ali aconteceram nestes dias? – Que coisas? – perguntou. – O que aconteceu com Jesus de Nazaré – responderam [...].*
> **(Lucas 24.17-19, acréscimo da autora)**

Quando nos deixamos dominar mentalmente pela perturbação externa, somos incapazes de enxergar que Jesus caminha ao nosso lado. Perceba, portanto, como as crenças limitantes prejudicam profundamente a nossa vida em diversos aspectos, e constantemente nos impedem de cooperarmos com os projetos divinos – como nos casar com um homem de Deus ou formar uma família saudável e firmada em Cristo. Apesar disso, não se desespere: nem tudo está perdido. Todos esses pensamentos, por mais profundos que sejam, podem ser reprogramados por meio da repetição de outros novos.

Quando criamos uma crença ruim, o primeiro passo para nos desvencilharmos dela é entender que se trata apenas de uma ideia preconcebida, ou seja, uma mentalidade que pode ser mudada. A fim de reprogramá-la, precisamos chegar à raiz do problema, em vez de apenas olharmos para seus sintomas. À luz da Palavra, nós nos tornamos capazes de identificar as mentiras em nossa mente que não estão de acordo com o que Deus diz sobre nós. Além disso, desenvolver-nos emocionalmente com o auxílio de profissionais nos ajuda a transformá-las com maior facilidade.

Se você é mãe, vigie sua conduta com relação aos seus filhos, atente-se à maneira de tratá-los e educá-los, e perceba até que ponto repete comportamentos que presenciava quando era criança. Provavelmente, assim como fomos vítimas de nossos pais, eles foram vítimas dos pais deles. Você, porém, tem a chance de intervir na criação de seus filhos e moldar as crenças que eles terão.

Como filha, desenvolva um olhar misericordioso e piedoso em relação aos seus pais, pois eles aprenderam que só há uma maneira correta de agir e, na maioria das vezes, apenas desejam o seu bem – embora saibamos que, em certos casos, não é o que acontece. Se a sua mãe diz que você deve ser médica, é porque, na visão de mundo dela, essa é a única forma de ser uma pessoa bem-sucedida. Se o seu pai diz que você deve aceitar qualquer oportunidade de trabalho, não é porque ele não acredita na sua capacidade de conseguir algo melhor, mas porque foi ensinado que devemos trabalhar mesmo infelizes com nosso emprego.

Todos temos grandes probabilidades de repetir o que vimos ou ouvimos durante anos. Então, se existe a oportunidade de romper com esse ciclo, faça isso agora mesmo! Em nossa vida, há três tipos de problemas: os seus, o dos outros e os de Deus. Você só consegue resolver os seus. Não temos controle sobre o que é do outro. Tampouco podemos nos responsabilizar pelo que cabe a Deus, pois só ele realiza o impossível.

Você precisa de um milagre para solucionar o seu problema? Então isso compete ao Senhor. Descanse e confie no agir divino, pois será cansativo e inútil tentar resolver algo que não está ao seu alcance.

Eu sou um exemplo vivo do poder redentor de Jesus. Quando me perguntam se pretendo ter mais filhos, respondo com convicção: “Sim, se Deus me presentear com essa graça”. Alguns podem retrucar com frases do tipo: “Não vale a pena colocar filho no mundo, está tudo uma bagunça”. Mas é exatamente por isso que nós cristãos – portadores da verdade que cura e liberta – devemos nos dedicar na educação de nossas crianças, a fim de que se tornem indivíduos enraizados nos princípios da Palavra, com corpo, alma e espírito saudáveis. Assim, poderão gerar um impacto na cultura dos próximos anos. Portanto, apesar das circunstâncias desafiadoras, não podemos retroceder.

Jesus poderia ter vindo ao mundo de diversas formas mais gloriosas e impactantes. Porém, Deus o fez nascer como todos nós, através de uma família, com a presença de uma mãe, um pai e irmãos. Acredito que a vida de Cristo carrega uma riqueza de detalhes que deve ser analisada cuidadosamente, pois nada do que está escrito a seu respeito é vazio de propósito.

Se ele veio à Terra como um homem comum, em uma família comum, foi para nos ensinar que é possível encarar os desafios deste mundo. Jesus não era uma pessoa privilegiada e nada do que vivemos pode ser tão ruim que ele não tenha literalmente sentido na pele. Como está escrito na carta aos hebreus: "[...] não temos um sumo sacerdote que não possa compadecerse das nossas fraquezas, mas sim alguém que, como nós, passou por todo tipo de tentação, ainda que sem pecado" (Hebreus 4.15).

Maria, por sua vez, era apenas uma menina quando foi chamada por Deus para gerar o salvador da humanidade. Imagine o espanto causado quando a virgem prometida a José surgiu grávida do Espírito Santo. Se a mesma situação acontecesse hoje, ela seria julgada, chamada de louca, mentirosa e provavelmente teria de

“Quando criamos uma crença ruim, o primeiro passo para nos desvencilharmos dela é entender que se trata apenas de uma ideia preconcebida, ou seja, uma mentalidade que pode ser mudada.”

passar por diversos exames e testes de DNA. A Bíblia conta sobre o processo que os pais de Cristo enfrentaram:

> O nascimento de Jesus Cristo foi assim: Maria, a sua mãe, estava prometida em casamento a José, mas, antes que se unissem, ela ficou grávida por meio do Espírito Santo. Porque José, o seu marido, era um homem justo e não queria expô-la à desonra pública, decidiu anular secretamente o casamento. Mas, enquanto pensava nisso, apareceu-lhe um anjo do Senhor em sonho e disse:
>
> – José, filho de Davi, não tema receber Maria como esposa, pois o que nela foi gerado procede do Espírito Santo. Ela dará à luz um filho, e você deverá dar-lhe o nome de Jesus, porque ele salvará o povo dele dos seus pecados. (Mateus 1.18-21)

Sinto-me impactada sempre que leio esse trecho das Escrituras, pois é extraordinário pensar que uma menina comum, com sua vida e seu noivado comuns, tornou-se uma das mulheres mais importantes de toda a história, escolhida por Deus para ser a mãe de Jesus Cristo. Com certeza, sua fé inabalável a sustentou em meio às críticas, falatórios e acusações, porque é provável que muitos duvidaram de sua integridade e fidelidade a José.

Como não trazer isso para nossa vida? Satanás usa situações e pessoas para nos fazer desacreditar da nossa identidade de filhas amadas e dos planos que o Senhor tem reservado para nós. De fato, o mundo em que vivemos está repleto de angústias que nos desencorajam, e podemos sofrer feridas extremamente dolorosas ao longo da vida. Entretanto, temos o exemplo de Jesus e outros homens e mulheres da Bíblia que nos ensinam a perseverar diante dos obstáculos.

Com essa esperança em mente, se você, assim como eu, aceitou a valorosa missão de formar um lar saudável, é preciso levar em conta o que a Palavra também nos ensina sobre o papel do homem e da mulher dentro de uma família. Afinal é através do casamento que ela nasce.

## *O papel do marido*

A primeira mulher, Eva, foi criada a partir da costela do primeiro homem, Adão. A meu ver, esse é um dos fatos mais incríveis da Bíblia, pois revela que, desde o princípio, a mulher e o homem estão completamente conectados, feitos à imagem e semelhança de Deus.

Definitivamente, não fomos criados para competir, e sim somar. Atualmente, casais se separam e famílias são enfraquecidas – e até destruídas – por causa da competição dentro de casa. Quando a mulher assume o papel do homem, ele se sente fraco e incapaz, acostuma-se com essa posição, não toma as rédeas das situações e o lar perde a direção. Por isso, um dos principais papéis de um pai é gerenciar sua família, apontar o caminho – já que, quando Deus nos criou, surgimos a partir do homem – e colocar cada um em seu devido lugar, garantindo cuidado, provisão e proteção.

## Liderar

*Quero, porém, que entendam que o cabeça*
*de todo homem é Cristo, o cabeça da*
*esposa é o marido e o cabeça de Cristo é*
*Deus. Todo homem que ora ou profetiza com*
*a cabeça coberta desonra a própria cabeça.*
**(1Coríntios 11.3-4)**

A partir desse versículo, entendemos claramente que o marido tem como função ser o cabeça da casa. Se a cabeça é responsável por direcionar o resto do corpo, assim deve ser a postura do homem ao liderar e guiar o seu lar.

## Prover

*Da mesma forma, os maridos devem amar,*
*cada um, a sua esposa como ao seu próprio*
*corpo. Quem ama a sua esposa ama a si*
*mesmo. Além do mais, ninguém jamais odiou*
*o próprio corpo; antes, alimentao e dele cuida,*
*como também Cristo faz com a igreja, pois*
*somos membros do seu corpo.*
**(Efésios 5.28-30)**

A Palavra de Deus destaca também que o homem deve amar, alimentar e cuidar da esposa, como faz com o seu próprio corpo. Ou seja, seu papel é garantir provisão para a família, gerenciá-la, zelar por ela e suprir suas necessidades.

## Amar

*Maridos, cada um de vocês deve amar a sua esposa, assim como Cristo amou a igreja e entregouse por ela para santificála, tendoa purificado pelo lavar da água por meio da palavra.* **(Efésios 5.25-26)**

O marido deve amar sua esposa como Cristo amou a igreja, isto é, a ponto de entregar sua vida por ela. Em outras palavras, ele tem a incumbência de desenvolver um amor sacrificial por sua família.

## Proteger e oferecer cobertura espiritual

*Todos devem sujeitarse às autoridades governamentais, pois não há autoridade que não venha de Deus; as autoridades que existem foram estabelecidas por ele. Portanto, aquele que se rebela contra a autoridade opõese ao que Deus instituiu, e aqueles que assim procedem trazem condenação sobre si mesmos.* **(Romanos 13.1-2)**

O Senhor institui o homem como autoridade dentro de casa. Assim como um governante garante proteção para o seu povo, um marido tem a responsabilidade de proteger a sua casa de maneira física, emocional e espiritual.

Pesquisas afirmam que a maioria dos abusadores infantis prefere atacar crianças que não têm pai – ou que possuem um pai ausente –, por se mostrarem mais vulneráveis.[4] Essa assustadora informação nos mostra quão fundamental é a paternidade para garantir a proteção de uma criança.

Quando um menino observa seu pai, ele o vê como um herói em quem pode se espelhar. A menina, por sua vez, enxerga-o como um príncipe e deseja casar-se com um homem como ele. Por isso, perceba como a presença paterna influencia o comportamento de seus filhos na vida adulta.

Em uma família disfuncional, as crianças tendem a crescer com perspectivas distorcidas a respeito de si mesmas e dos outros, pela falta de referência ou pelo mau exemplo que tiveram na infância. Entretanto, como afirmam as Escrituras, encontramos consolo na certeza de que todos nós temos um Pai, nosso Deus, e essa verdade acalma o meu coração:

> *Ainda que o meu pai e a minha mãe me abandonem, o SENHOR me acolherá.*
> **(Salmos 27.10)**

Quando eu e meu marido, Felippe, começamos a namorar, eu já havia perdido meu pai, mas ele sempre se preocupou em me oferecer respeito e cuidado, pois o meu Pai celestial é superior ao terreno. Sou filha de um Deus

---

4 MACHADO, Talita Ferreira Alves. Criança vítima de pedofilia: fatores de risco e danos sofridos. São Paulo: Faculdade de Direito da Universidade de São Paulo, 2013. Disponível em: <https://www.teses.usp.br/teses/disponiveis/2/2136/tde-13022014-111701/publico/Dissertacao_Mestrado_Talita_Ferreira_Alves_Machado.pdf>. Acesso em: 09 out. 2024.

grandioso e poderoso; logo, devo ser tratada com dignidade. Se, porventura, você é uma mãe solteira, lembre-se da responsabilidade de incutir esse princípio em seus filhos.

## *O papel da mulher*

A mulher também tem um papel de extrema importância na estruturação de uma família, mesmo que, atualmente, essa divisão de funções esteja completamente conturbada e invertida em diversos lares.

### Ser submissa

*Do mesmo modo, mulheres, cada uma de*
*vocês esteja sujeita a seu marido, para que,*
*mesmo se ele rejeitar a palavra, seja ganho sem*
*palavras, pela conduta da esposa, ao observar*
*a conduta pura e respeitosa de vocês.*
**(1Pedro 3.1-2)**

As Escrituras deixam claro a importância da submissão para as mulheres, mas essa é uma das palavras mais polêmicas da atualidade e adquiriu um sentido totalmente pejorativo, como se assumir essa posição nos tornasse inferiores aos nossos maridos. Mas deixe-me explicar algo que acabará, de uma vez por todas, com essa ideia deturpada.

Na verdade, esse termo carrega um significado muito marcante:

*sub* = embaixo

*missão* = propósito, compromisso, ser enviado a

Ser submissa é estar alinhada ao objetivo do casamento – quando duas pessoas se colocam debaixo de um mesmo propósito – e é o papel da mulher dentro de casa. Ela se compromete a ser enviada com seu marido, estando ambos sob a mesma missão, na qual o homem é o cabeça.

## Auxiliar

> *Disse mais o Senhor Deus: Não é bom que o homem esteja só; far-lhe-ei uma auxiliadora que lhe seja idônea.* **(Gênesis 2.18, ARA)**

Além disso, a mulher é a coluna da família: ama, educa seus filhos e cuida do marido.

Não se esqueça de que devemos desenvolver essas qualidades não só quando estivermos casadas, mas também durante a solteirice, enquanto esperamos.

Talvez, você que está solteira já tenha se perguntado: "Quanto tempo mais vou ter de esperar? Será que a minha hora vai chegar? Deus se esqueceu de mim?". Essas são mentiras que Satanás tenta introduzir em nossa mente para nos fazer desistir. O processo até o casamento envolve uma batalha espiritual, na qual precisamos combater os enganos do Inimigo e nos apegar às verdades da Palavra. O Pai anseia pela construção da sua família e o amor que ele sente por nós é incomparável, a ponto de entregar seu Filho Unigênito para nos salvar. Você é capaz de mensurar a grandiosidade desse ato?

Hoje, sendo mãe, compreendo com maior profundidade o amor sacrificial que Deus tem por nós. Apesar de não estarmos isentas de aflições e batalhas, o Senhor permanece conosco em todo tempo, e a Bíblia nos promete isso:

> *Mesmo que eu ande por um vale de densas trevas, não temerei perigo algum, pois tu estás comigo [...].* **(Salmos 23.4)**

> *Sejam fortes e corajosos. Não tenham medo nem fiquem apavorados por causa delas, pois o Senhor, o seu Deus, vai com vocês; nunca os deixará nem os abandonará.*
> **(Deuteronômio 31.6)**

Esse é o Deus que eu sirvo, aquele que cuida, ensina e sempre estará comigo.

Oro para que o Espírito Santo console o seu coração nos momentos de dúvida e impaciência enquanto espera por um marido. Se você é casada, que o Senhor a fortaleça com ânimo, gratidão, perseverança e amor na formação do seu lar. Não andamos conforme os padrões deste mundo, o que constantemente nos tira da zona de conforto, mas não há satisfação maior do que trabalhar em prol de algo que perpetuará para a eternidade: a vida de nossos filhos, netos e das gerações que ainda virão.

Capítulo 4

# Traga à luz o que lhe dá *esperança*

*Para tudo há uma ocasião certa; há um tempo certo para cada propósito debaixo do céu.*
**(Eclesiastes 3.1)**

Grande parte das mulheres que me acompanham nas redes sociais conhece a minha história de espera e sabe o quão doloroso esse período foi para mim. Depois de perder meus pais, eu me senti completamente sozinha em diversos momentos e clamava a Deus todas as noites, para que eu encontrasse alguém com quem dividir a vida e formar uma família.

Já ouvi algumas mulheres afirmarem que têm vergonha de pedir um esposo ao Senhor, mas temos um Pai misericordioso, que nos incentiva a formar famílias e ama nos presentear com milagres. Certa vez, participei de uma célula na casa de um casal de amigos, e conheci um senhor espanhol que tinha o dom de profecia (cf. 1Coríntios 12.1-11). Ao final do encontro, pediram que ele orasse pela minha vida sentimental – algo que me deixava muito ansiosa. Conforme orava, ele disse: "Deus deseja que o seu casamento aconteça mais do que você, porque através disso milhares de mulheres voltarão a acreditar em seus próprios casamentos". Quando ouvi aquilo, chorei emocionada, pois o que eu pensava ser um sonho individual na verdade também estava no coração do Pai.

Naquela mesma semana, enquanto caminhava com duas amigas em um condomínio, avistei um objeto brilhante no chão que chamou a minha atenção. Fiquei perplexa quando reparei que era uma aliança. "Meu Deus, acho que estou vendo coisas", pensei. No mesmo instante, comentei com as minhas amigas e elas disseram: "Vamos voltar lá para pegar". Era de fato um anel dourado, grande e não servia no meu dedo, ou seja, provavelmente pertencia a um homem. Automaticamente, pensamos em verificar se havia algo escrito nele, com o intuito de devolvê-lo para o dono, mas não encontramos nenhum nome ou data – o que é muito incomum para uma aliança de casamento.

Você pode pensar que não era nada demais, mas aquilo me impactou profundamente. Senti que era uma confirmação material da palavra que eu havia recebido dias atrás. Compartilho esses testemunhos para trazer ao seu coração a esperança de que o Senhor tem planos de bem para o seu futuro, como está escrito em Jeremias 29.11. Mesmo que pareça algo insignificante, ele se importa com os pequenos detalhes de nossa vida e deseja fazê-la feliz. Guarde essa história, pois contarei o seu desfecho em breve.

Sempre fui intencional em minhas orações a respeito de todas as áreas da minha vida, mas creio que existe uma grande diferença quando clamamos intensamente. Por meio da oração, passamos tempo com Deus, alinhamos o nosso coração à sua vontade, agradecemos, intercedemos por pessoas e situações. O clamor, por sua vez, é feito num momento profundo de maior vulnerabilidade, que acontece no secreto: entramos em nosso quarto, fechamos a porta e nos entregamos completamente ao Senhor.

> *Mas, quando você orar, vá para o seu quarto, feche a porta e ore ao seu Pai, que está em secreto. Então, o seu Pai, que vê em secreto, o recompensará.* **(Mateus 6.6)**

Em meio às lágrimas – e até mesmo gritos –, rasgamos o nosso coração diante da presença de Deus, como fez Ana ao pedir por um filho, com tanto ímpeto a ponto de parecer estar embriagada:

> Enquanto ela continuava a orar diante do Senhor, Eli observava a sua boca. Como Ana orava silenciosamente, os lábios dela se moviam, mas não se ouvia a sua voz. Então, Eli pensou que estivesse embriagada e lhe disse:
>
> – Até quando você continuará embriagada? Abandone o vinho!
>
> Ana, porém, respondeu:
>
> – Não se trata disso, meu senhor. Sou uma mulher muito angustiada. Não bebi vinho nem bebida

> fermentada; eu estava derramando a minha alma diante do SENHOR. (1Samuel 1.12-15)

Eu me lembro de vários momentos em que clamei para ter a vida da qual desfruto hoje. Chorava copiosamente, à espera do meu milagre. Queria me sentir completa, feliz, amada, especial e cuidada, pois enfrentei dias cansativos de extrema solidão, sem ter alguém com quem compartilhar os medos, sonhos e alegrias. Além disso, temia que o tempo estivesse se esgotando, e que logo eu seria incapaz de me casar e ter filhos.

No entanto, certo dia, decidi abandonar a posição de vítima. O “de repente de Deus” – instante em que as situações parecem mudar por completo – demora para acontecer, demanda persistência e muitas orações. Clamar em meio à espera não significa que você é uma mulher desesperada, carente, que não sabe viver sozinha e que jamais será feliz. Não aceite essas mentiras do Inimigo sobre a sua vida. Você é uma filha amada, desejada pelo Pai, que sonha em construir um lar, a fim de glorificar o nome de Deus e fazê-lo conhecido.

No mundo em que vivemos, parece errado desejar a formação de uma família, mas não devemos nos envergonhar da nossa vontade de ter um parceiro leal que nos acompanhe na caminhada com Cristo. O erro está em usar o nosso casamento para suprir carências desmedidas e sarar nossas feridas, pois essa função não cabe ao seu marido. A responsabilidade de quebrar os padrões nocivos que adquirimos ao longo da vida e tratar nossas angústias cabe a nós – sem nos esquecermos, é claro, de que o Pai nos concede graça diariamente para tal.

Não podemos passar por cima dos nossos traumas como se eles não existissem ou tapá-los com um relacionamento amoroso, um casamento e filhos, na tentativa de anestesiar a nossa dor. Se você não se empenhar em lidar com suas emoções mal resolvidas, continuará a repetir os comportamentos negativos que absorveu na infância.

É importante acrescentar que podemos conservar certas posturas que aprendemos com nossos pais, desde que tenhamos a consciência de que são admiráveis e benéficas. Minha mãe tinha o costume de nos buscar na escola e almoçar conosco em casa, mesmo que estivesse atrasada para seus compromissos. Tenho certeza de que isso tomava grande parte do seu tempo em meio a uma rotina agitada e repleta de demandas, mas fazer uma refeição juntos mudava o nosso dia e demonstrava o quanto ela nos amava.

Perdi as contas de quantas vezes eu a acompanhei em seu trabalho e lembro que me divertia muito enquanto andávamos de ônibus e metrô na ida até o escritório. Almoçávamos num local em que podíamos montar o nosso próprio lanche, e isso me deixava tão feliz. Quando criança, essas atitudes me pareciam "normais". Hoje, reconheço que moldavam meu caráter, crenças de amor-próprio, autoestima, merecimento, identidade e capacidade.

"O Senhor me submeteu a uma longa espera para que eu fosse capaz de lhe dizer: vale a pena!"

Além disso, ela sempre me pedia para repetir que eu era forte e que nada me causaria medo. Através da disseminação dos estudos de inteligência emocional e dos ensinamentos que encontramos na Bíblia, percebemos que é fundamental declararmos palavras de bênção sobre a vida de nossos filhos. Como é lindo saber que, mesmo sem conhecer Cristo verdadeiramente, minha mãe nos ensinava sobre crenças positivas, fé, respeito ao próximo e a Deus. Sei que, desde aquele momento, o Senhor já usava a vida dela para me instruir.

Apesar das instabilidades que vivi na infância, recebi princípios valorosos que carrego comigo até hoje e desejo perpetuá-los. Quando pai e mãe se fazem presentes, ensinam o que é certo ou errado e oferecem acolhimento, é muito provável que seus filhos não sentirão a necessidade de suprir suas carências de outras formas, pois já pertencem a uma rede de apoio sólida. Infelizmente, isso não é o que acontece com grande parte das pessoas.

Posso contar nos dedos quantas amigas minhas vieram de um lar bem estruturado, cristão, com uma boa referência de casamento, sem mães e pais narcisistas, omissos, agressivos ou ausentes. No meu caso, adquiri feridas que demoraram para cicatrizar e precisei me dedicar intensamente a fim de tratá-las o quanto antes.

Deixe-me ilustrar esse raciocínio com um exemplo. Quando eu tinha cerca de 9 anos, enquanto eu e meu padrasto passeávamos, eu levava nosso cachorro na coleira. De repente, ele avistou outro cão e começou a correr. Eu não quis soltá-lo, com receio de que fugisse, e fui arrastada pelo chão. Depois que meu cachorro finalmente parou, eu já estava com diversos arranhões que sangravam por todo o corpo.

Ao chegarmos em casa, minha mãe levou um susto e disse que os machucados precisariam ser lavados. Em seguida, ela me levou para o chuveiro e, apesar de limpar as feridas cuidadosamente, eu chorava e gritava de dor. Porém, com todo amor, ela lavava os machucados para que não infeccionassem. Após o banho, secou-me e passou alguns remédios nos arranhões. Tudo ardia muito, mas, passados alguns meses, eles cicatrizaram e não deixaram marcas.

Eu precisei enfrentar a ardência, chorar, gritar de desespero, passar remédios e receber o cuidado de minha mãe para tratar meus machucados, que demoraram até cicatrizarem perfeitamente. Assim também funciona com nossas feridas emocionais: o processo de cura é doloroso, mas, assim como minha mãe esteve comigo, todas nós temos a ajuda do Senhor. Ele nos ama, não nos abandona e nos direciona de forma perfeita. Entretanto, isso exige paciência da nossa parte.

Um dia, atendi uma cliente que vinha de uma família disfuncional: seu pai era alcoólatra e agredia sua mãe. Ela presenciou várias cenas de violência durante grande parte de sua vida, o que deturpou sua visão com relação a casamento e família. Apesar de se transformar em uma mulher muito forte, criou uma barreira para se proteger e se defendia mesmo antes de ser atacada. Por conta disso, ao chegar na vida adulta, não sabia como se comportar em um namoro e era incapaz de se relacionar com alguém por causa de suas feridas não curadas. Felizmente, ao longo dos atendimentos, tratou seus traumas aos poucos.

Com frequência, nossas dores nos impedem de confiar nas pessoas e enrijecem nosso coração, mas devemos ter humildade para reconhecer nossos erros, pedir ajuda e nos submeter à transformação. Dessa forma, seremos capacitadas pela graça divina:

> *Ele, porém, concedenos graça maior. Por isso, diz a Escritura: "Deus se opõe aos orgulhosos, mas concede graça aos humildes".* **(Tiago 4.6)**

No dia do falecimento de meu pai, lembro-me de estar completamente sem esperança e desesperada, chorando com o rosto colado em seu caixão. Naquele momento, olhei para o céu e perguntei: "E agora, Deus? Como viverei sendo órfã?" Sinceramente, não sabia nem por onde começar. No entanto, fui inundada pela presença do próprio Pai, que me segurou em seu colo e me amou profundamente.

Em Eclesiastes 3, lemos que há um tempo certo para todas as coisas, e eu sou a prova viva disso. Por vezes, encontrava-me extremamente ansiosa e pensava: "Quando os sonhos de Deus para minha vida se realizarão?" Mas a Bíblia é clara ao nos ensinar que precisamos aprender a esperar no Senhor:

> Para tudo há uma ocasião certa; há um tempo certo para cada propósito debaixo do céu: tempo de nascer e tempo de morrer; tempo de plantar e tempo de arrancar o que se plantou; tempo de matar e tempo de curar; tempo de derrubar e tempo de construir; tempo de chorar e tempo de rir; tempo de prantear e tempo de dançar; tempo de espalhar pedras e tempo de ajuntálas; tempo de abraçar e tempo de se afastar; tempo de procurar algo e tempo de desistir de sua busca; tempo de guardar e tempo de jogar fora; tempo de rasgar e tempo de consertar; tempo de calar e tempo de falar; tempo de amar e tempo de odiar; tempo de guerra e tempo de paz. (Eclesiastes 3.1-8)

Deus não falha e tem para nós o que é bom, perfeito e agradável.

## *A minha espera*

Acredito que a grande maioria das mulheres sonha em se casar e construir uma família – e é muito provável que você, querida leitora, se está solteira, também carrega esse desejo. Eu me sentia aflita porque, quanto tinha 15 anos, pensava que, aos 30, já estaria casada, com crianças correndo pela sala da minha casa. Mas não foi o que aconteceu.

Atravessei um longo deserto, enfrentei perdas, tristezas e desespero. Finalmente, quando Jesus se tornou o que havia de mais importante para mim, meu tão sonhado marido apareceu. Contando dessa forma, pode parecer que foi fácil, mas só o Senhor sabe das incontáveis noites de choro e súplicas que passei. Jejuava e orava com minhas amigas.

Já falhei com o Senhor e cheguei a idolatrar o meu desejo de me casar. Enquanto dizia em alto e bom som: "Jesus é suficiente!"; meu coração e mente ansiavam pela chegada do meu marido como um veredito de plenitude. Algumas vezes, também fiz más escolhas, movida pela carência: tentava me contentar com um rapaz que não se adequava aos meus princípios e ignorava certos sinais que o desqualificavam como um bom pretendente, o que, obviamente, terminava mal. Mas tudo mudou quando entendi que aquilo tomava uma proporção maior do que deveria em minha vida.

Eu só pensava no dia em que encontraria meu esposo e todas as conversas e orações giravam em torno disso. Entretanto, chegou o dia em que o Espírito Santo falou ao meu coração: "Se esse sonho não se realizar, eu deixarei de ser seu Deus?". Prontamente, pensei: "Jamais! Deus será sempre o mesmo para mim!". Foi, então, que me dei conta de que não podia depender de um relacionamento amoroso para estar em paz. A minha fé não se baseia apenas no que o Senhor faz, mas em quem ele é. Agindo ou não, ele permanece soberano.

Eu me senti envergonhada por depositar toda minha alegria – algo que é fruto do Espírito – em uma realização matrimonial, mas o Pai é bondoso em nos corrigir com seu amor. A partir de então, passei a encarar o relacionamento amoroso como apenas mais uma etapa da minha vida, e coloquei esse anseio em seu devido lugar. Hoje, compreendo que o Senhor me submeteu a uma longa espera para que eu fosse capaz de lhe dizer: *vale a pena!* Independentemente do que vivemos, Deus nunca se esquece de nós.

Eu me converti depois de adulta, por isso não vivi a vida toda esperando. Diferente de mim, talvez você seja uma adolescente e se sinta impaciente por ter de se guardar até o casamento. Algumas de nós encontrarão um marido mais cedo, outras terão de aguardar por um período maior, mas a espera em Deus é uma decisão, ou seja, não depende de nossos sentimentos.

Eu gostaria muito de poder dizer que me guardei desde sempre, mas essa não foi a minha realidade. Conversando com uma amiga que cresceu em uma família cristã, lembro-me de comentar: "Queria ter sido como você, uma mulher que conhece a Jesus desde criança e não se relacionou com ninguém até o casamento". Porém, ela respondeu: "Não guarde culpa com relação a isso. Hoje, você se posicionou porque entendeu a importância de viver em santidade. Mais do que isso, a sua história tem o poder de impactar a vida de pessoas que também não nasceram em um lar cristão". Por isso, alegro-me de ter permanecido firme nessa escolha desde que entendi quem Jesus é. Afinal de contas, depois que me casasse, teria a vida inteira pela frente para aproveitar com meu marido.

Eu e meu esposo nos guardamos até o casamento, e quem me acompanha nas redes sociais sabe que sempre compartilhei sobre a importância e os desafios dessa escolha. É chocante pensar que, antes de me tornar cristã, fazias vídeos sobre relacionamentos e tinha uma opinião completamente diferente. Essa transformação revela nitidamente que, quando Jesus entra em nossa vida, toda confusão se retira.

O Senhor me ajudou a seguir caminhos que mudaram a minha vida por completo. Ter sonhos é bom, e alcançá-los é melhor ainda. Hoje, tenho a plena certeza de que Deus é fiel, está ao meu lado e conhece todas as minhas necessidades. Somos preciosas para o nosso Pai, como está escrito no Evangelho de Lucas:

> *Não se vendem cinco pardais por dois asses? Contudo, nenhum deles é esquecido por Deus. Até os cabelos da cabeça de vocês estão todos contados. Não tenham medo; vocês valem mais do que muitos pardais!* **(Lucas 12.6-7)**

Houve dias que pareciam intermináveis, nos quais desejei desistir. Achava que era incapaz de esperar, sentia-me velha demais e temia ter o mesmo destino dos meus parentes. Cheguei a pensar que o casamento era apenas um sonho de menina, que eu não era bonita ou interessante e que ninguém jamais gostaria de mim. Porém, eu me esforçava para trazer à memória a fidelidade de Deus, e eu sugiro que você faça o mesmo.

Para que a presença dele seja palpável em sua vida, você deve cultivar um relacionamento com o Senhor: tenha um momento de devocional diário, ouça louvores, ore sem cessar, clame, busque apoio dos líderes de sua igreja local, permita-se ser cuidada, discipulada e encorajada.

Enquanto aguarda, aconselho também que escreva uma lista de princípios inegociáveis: características das quais você não está disposta a renunciar. Assim, quando um possível pretendente surgir, conseguirá avaliá-lo com discernimento e saberá se deve ou não abrir o seu coração para ele. Acredito que não precisamos nos prender a qualidades superficiais – como a altura, aparência ou talvez a profissão de um rapaz. É claro que a atração física é indispensável, mas ela envolve fatores que podem mudar com o tempo e que não necessariamente determinam se um homem está preparado para ser um bom pai ou marido.

Em minha solteirice, eu separei alguns pontos dos quais tinha certeza de que não poderia abrir mão: meu futuro esposo deveria ser alguém de coração ensinável – capaz de tolerar transformações, aberto às minhas opiniões e disposto a fazer concessões –, um cristão que verdadeiramente temesse ao Senhor e que não apresentasse vício em bebida alcoólica – algo que me desagradava muito em meu pai. Você talvez pense em outros atributos que se aplicam à sua vida e visão de mudo. A despeito de suas preferências, é crucial que elas estejam bem claras e estabelecidas em seu coração, a fim de que faça as escolhas certas.

Além disso, no meu tempo de espera, decidi que não ficaria parada. Em vez disso, eu me dedicava ao Reino de Deus, frequentava conferências, participava de viagens missionárias, servia nos ministérios da igreja e compartilhava o Evangelho nas redes sociais. Quando eu me sentia desanimada, ligava para as minhas amigas para que passássemos tempo juntas, e isso me ajudava a lutar contra a ansiedade e o medo de ficar sozinha. Felizmente, nunca deixei que os momentos de tristeza roubassem minha fé.

Em meio a esse turbilhão, em março de 2021, meu marido apareceu como um presente de Deus: o Felippe recebeu uma pergunta em seu Instagram: "Qual é o tipo de mulher que você busca?"; compartilhou a resposta publicamente em seus *stories* e marcou um comunicador famoso nas redes sociais que considerava ser referência no assunto. Esse influenciador repostou seu vídeo, fazendo com que seu perfil recebesse mais de 500 mensagens e quase 2.000 seguidores – em sua maioria, mulheres. Uma amiga minha viu essa postagem e, no mesmo instante, pensou em mandar o meu perfil para ele. Dentre todas as outras que entraram em contato com o Felippe naquele dia, eu aqui não saí de sua cabeça (risos).

No dia seguinte, ele me mandou uma mensagem, começamos a conversar e nunca mais paramos. Foram exatos 50 dias de muitas ligações e chamadas em vídeo. Na época, enfrentávamos o final da pandemia da covid-19, quando os comércios e atividades começaram a funcionar novamente. Eu estava passando um tempo no Rio de Janeiro com a minha família, e o Felippe decidiu viajar para me conhecer pessoalmente. Ele chegou quatro dias antes do meu aniversário e, dois dias depois, pediu-me em namoro.

Você se lembra da história da aliança misteriosa que encontrei no chão? Esse episódio havia ocorrido cerca de um ano antes e, depois que eu e o Felippe começamos a namorar, contei para ele como aquele sinal de Deus me impactou. No entanto, percebi que ele não se impressionou muito, talvez por pensar que teria sido apenas uma coincidência. De qualquer modo, disse que havia guardado o anel comigo. Tempos depois, despretensiosamente, o Felippe me pediu para experimentá-lo e, para a nossa surpresa, a aliança serviu perfeitamente em seu dedo. Ambos ficamos chocados, e ele, que mal se importou com o testemunho que eu havia contado anteriormente, permaneceu com ela até nos casarmos.

Quero deixar claro que o Senhor fala conosco de diversas formas e, se o anel não tivesse servido, não significaria que não deveríamos nos casar. Deus tem o costume de nos mostrar sinais que confirmam aquilo que o Espírito Santo já está ministrando ao nosso coração. Ele pode se comunicar com você e lhe trazer confirmações de maneiras específicas e completamente diferentes de como aconteceu comigo.

Enfim, entre idas e vindas da cidade do Felippe, Curitiba, para a minha, São Paulo, noivamos após oito meses. No dia do pedido de casamento, ele me chamou para ir até o seu apartamento. Quando cheguei, encontrei pétalas de rosa e velas espalhadas pelo chão. Na mesa, as flores foram dispostas para formar a frase: "Casa comigo?". Naquele momento, eu me senti tão feliz que não conseguia responder, apenas gargalhava e pensava: "Meu Deus, é hoje! Chegou meu tão sonhado pedido de casamento". Um dia que começou como qualquer outro se tornou um dos melhores da minha vida. Por isso, nunca se esqueça: se o Senhor prometeu, ele cumprirá.

Sentia-me grata e satisfeita ao ver que tudo ocorria como sempre quis, mas também tinha a sensação de que aquilo não poderia acontecer comigo. Logo eu, tão acostumada a sofrer, estava feliz; alguém que passou por tantas perdas, de repente havia ganhado. Parecia não fazer sentido. Mas Deus transformou a minha sorte, reparou meu coração e restaurou a minha fé. Assim, pude declarar o que está escrito no livro de Salmos:

> *Quando o Senhor trouxe restauração a Sião, era como se estivéssemos sonhando. Então, a*

*nossa boca se encheu de riso; a nossa língua, de cantos de alegria. Até nas outras nações se dizia: "O Senhor fez coisas grandiosas por este povo". Sim, coisas grandiosas fez o Senhor por nós; por isso, estamos alegres.*
**(Salmos 126.1-3)**

Após o pedido, a correria com os preparativos para o grande dia começou. Acertamos que nos casaríamos em cinco meses; pesquisamos orçamentos, escolhemos o local e fechamos a data para o mês de maio. Porém, em meados de fevereiro, um imprevisto aconteceu: o Fê me chamou para uma conversa e disse que Deus o direcionou a adiar o nosso casamento – até então, o Senhor não havia revelado o motivo, mas ele estava convencido de que era o que deveríamos fazer. Naquele instante, meu mundo pareceu desabar e senti como se as minhas feridas de abandono e rejeição fossem cutucadas. Logo pensei: "Estava bom demais para ser verdade, ele deve estar arrependido e decidiu cancelar tudo" – é impressionante como nós nos acostumamos a aceitar o que é ruim.

Ele me deixou no aeroporto e voltei para casa angustiada. Depois de chorar durante todo o voo, respirei fundo e liguei para uma grande amiga que lidera mulheres. Ela nos instruiu a estipular um prazo para o adiamento, e assim fizemos. Como mulher de Deus, noiva e futura esposa, eu devia ser sábia em ouvir o meu futuro marido e entender que havia um motivo para a sua decisão. Precisava me submeter à direção dele, mesmo antes de estarmos casados, e abrir mão da arrogância de pensar que o Senhor só se comunicava comigo quando o assunto era casamento. Nós nos encontramos novamente, conversamos e redefinimos a data da cerimônia para dia 21 de agosto, um domingo.

Semanas depois, um membro da nossa família apresentou problemas de saúde e seu tratamento duraria até o início de agosto, ou seja, de qualquer forma teríamos de adiar o casamento, pois a presença dele na cerimônia era muito importante para nós. Felizmente, seguimos a direção do Senhor e decidimos fazer isso antes de recebermos essa notícia, o que nos poupou de remanejar as datas de maneira desesperada. Nosso querido familiar conseguiu comparecer e hoje está completamente curado. Conto isso a fim de que você compreenda: Deus está no controle de todas as coisas. No fim das contas, o Felippe estava certo em seguir a voz do Espírito Santo em seu coração.

Se eu pudesse voltar atrás, teria aproveitado melhor a fase de planejar o meu casamento, sem tantos medos. Em muitos momentos, gastava tempo e energia com preocupações em vez de aproveitar o presente que havia recebido do Pai. Então, querida irmã, quando chegar o seu momento, aceite minha sugestão: *seja livre e desfrute de tudo*. Saia com suas amigas, divirta-se nas degustações, não se preocupe se choverá, se haverá atrasos do fornecedor, se seu vestido caberá em você ou se aquele convidado estará presente. No fim das contas, o foco do casamento é a união verdadeira de um casal e o início de um lindo ministério. Não permita que as ansiedades e os ataques do Inimigo roubem sua paz.

Nós nos casamos no civil em uma quarta-feira fria e nublada. Eu pensava que seria apenas o cumprimento de um protocolo, mas, quando a juíza perguntou ao Fê: "Diante da lei, Felippe, você aceita Laila como sua legítima esposa?"; foi como se Deus me entregasse ao meu marido, o que me fez chorar de emoção. Naquele momento, pensei: "Existe alguém que me ama incondicionalmente e que está me recebendo para sempre". Com poucas pessoas, sem decoração, vestido ou penteado elaborados, a atmosfera se tornou especial e intimista, na qual nossos parentes e amigos mais próximos presenciavam o primeiro passo para a oficialização da nossa união.

No domingo, o grande dia chegou. Eu me emociono ao relembrá-lo, enquanto escrevo estas páginas, pois vejo o cumprimento da promessa de Deus. Acordei às cinco horas da manhã, tomei um banho e a maquiadora já me esperava. O casamento estava marcado para as onze horas, então os preparativos iniciaram logo cedo — com a correria, mal tive tempo de me sentir ansiosa. Chorei de alegria enquanto me arrumava, grata ao Senhor por poder viver o que tanto desejava. Meus irmãos chegaram,

"Deus está no controle de todas as coisas."

fomos juntos para o local da cerimônia e uma paz que excede todo entendimento me preencheu.

Choveu durante toda a semana, o dia amanheceu cinza e fazia cerca de cinco graus. Quando chegamos ao local, começou a garoar e eu me lembro de olhar para o céu e orar: "Deus, por favor, pare essa chuva. Tudo está pronto e os convidados estão esperando". Eu queria muito que o vídeo do meu casamento tivesse imagens filmadas do alto com um drone. Se a chuva continuasse, teríamos de nos deslocar para a área coberta do local, e as filmagens seriam diferentes. Surpreendentemente, cinco minutos depois, a garoa cessou. A cerimônia aconteceu com muito frio, mas sem chuva, exatamente como eu havia orado.

Eu planejava cantar no casamento para surpreender meu marido e os convidados, mas acordei rouca na sexta-feira. Entretanto, tomei pastilhas para a garganta e o Senhor operou um milagre: não cantei perfeitamente, mas sua presença era tão palpável que todos disseram se emocionar e sentir o toque do Espírito Santo.

Enquanto esperava no carro, antes de caminhar até o altar, foi como se um filme passasse pela minha cabeça: recordei o choro, o desespero e os momentos em que duvidei de que um dia me casaria. Mesmo que eu estivesse vivendo o que tanto sonhei, ainda pensava: "Meu Deus, isso está mesmo acontecendo comigo?" Tudo foi tão emocionante, que custei a acreditar que era real.

## *Deus não é bipolar*

Creio que meu testemunho pode ser uma fonte de encorajamento para você que ainda está solteira, mas imagino que talvez surja uma dúvida na mente das que já estão casadas: "E se eu escolhi errado?".

Em primeiro lugar, devemos ter em mente que Deus não é bipolar e não muda de ideia. Isso parece óbvio, mas com frequência escuto algumas mulheres dizerem: "O Espírito Santo me direcionou a entrar em um relacionamento com aquele homem"; logo depois, arrependem-se e tentam colocar no Senhor a culpa pelo fracasso de sua relação, como se a ordem divina que receberam tivesse se alterado. Sim, os valores que encontramos na Palavra e a sabedoria do alto nos ajudam a encontrar um marido, mas, no fim das contas, você deve decidir com quem irá se casar. Não é certo terceirizarmos a responsabilidade de nossas escolhas.

Agora, se você se encontra em um casamento disfuncional – talvez por ter se convertido depois de se casar ou porque não tinha sabedoria e maturidade suficiente na época – aconselho que busque ajuda imediatamente. O auxílio de terceiros é imprescindível para um casal que deseja melhorar sua relação, recalcular a rota e mudar seus comportamentos. Se, sozinhos, um marido e sua esposa se colocaram em uma situação ruim, sozinhos, não conseguirão sair dela.

Então, seja intencional na busca pela restauração do seu casamento, e isso significa que você deve se dedicar ao seu esposo ainda que não tenha vontade. Procurem aconselhamento psicológico – individual ou em casal – e espiritual – de líderes ou pastores confiáveis –, orem e estudem a Bíblia juntos, programem-se para passarem um tempo juntos, irem ao cinema ou a um jantar romântico.

Ao primeiro sinal de desconexão com seu cônjuge, peça ajuda. Não deixe que as pequenas intrigas se acumulem e se transformem em uma bola de neve, e não espere que seu casamento esteja por um fio. Aprenda a dialogar com seu marido, evite suposições do tipo: "Eu *pensei* que você iria se encarregar desta tarefa"; e generalizações como: "Você *nunca* me ajuda"; ou "Você *sempre* está irritado". Expresse seus sentimentos, seja vulnerável, saiba escutá-lo com atenção e façam acordos entre si, pois "o combinado não sai caro" e evita falhas na comunicação. Sei que são atitudes simples, mas fazem toda a diferença, e esquecemos de aplicá-las em meio à rotina agitada.

Eu desejo que você tenha um casamento abençoado, como sempre sonhou e pediu a Deus. Se está solteira, oro para que encontre um marido que lhe tratará da maneira que merece, sem se preocupar com a opinião dos outros ou com o que um dia disseram a seu respeito. Se está casada, que o amor em seu relacionamento se intensifique a cada dia, e que você e seu esposo aprendam a servir um ao outro como Cristo nos ensina, repletos de alegria e gratidão.

O Senhor deseja realizar maravilhas em nossa vida. Espero que o meu testemunho, de alguma forma, gere em seu coração a certeza de que Deus coopera com o seu bem – ainda que você não enxergue – e se importa com os pequenos detalhes da sua jornada. Permaneça firme!

*Capítulo 5*

# Construindo um *lar* fértil

*Com sabedoria se constrói uma casa;*
*com discernimento ela se consolida. Pelo*
*conhecimento os seus cômodos se enchem do*
*que é precioso e agradável.*
**(Provérbios 24.3-4)**

Para mim, é um privilégio testemunhar a respeito de um sonho que antes parecia inalcançável. Conforme os anos passam, temos a tendência de nos rendermos às dúvidas: "Será que isso é para mim?"; "É possível ser feliz no casamento?"; "Terei filhos saudáveis?"; "Serei capaz de construir um lar fértil?". Mas o Senhor me deu a graça de formar uma família, por isso, hoje, eu me empenho em amá-los e servi-los com excelência. Durante esses anos como esposa e mãe, aprendi algo fundamental:

Todo lar é uma casa, mas nem toda casa é um lar!

Um lar tem uma atmosfera leve e aconchegante, que exala o aroma suave de Jesus e o frescor da presença do Espírito Santo. É um lugar santo, seguro, que traz paz, alegria e cor para nossa alma. Ali, o carinho e afeto são perceptíveis, e você sente a liberdade de poder descansar. Não falo sobre móveis caros, mas sim de afago, cheirinho de café, uma mantinha perto de um sofá que nos faz sentir abraçadas. Nesse ambiente, sempre há espaço para mais uma pessoa.

Eu nasci e fui criada no Rio de janeiro – mudei para São Paulo depois de adulta – e ali, culturalmente, as pessoas são mais extrovertidas, calorosas e convidativas. Normalmente, quando conhecemos alguém, logo nos tornamos amigos próximos e, dias depois, é muito provável que essa pessoa já esteja em nossa casa tomando um cafezinho. Não deixamos de receber visitas por estarmos despreparadas e temos o costume de dizer: "É só colocar mais água no feijão e pode vir". Na minha família sempre foi assim, e todos com quem convivi também agiam da mesma forma.

Por conta disso, eu aprendi a ser uma anfitriã amorosa e dedicada. Quando olho para o meu lar, penso em como torná-lo ainda melhor para nós que aqui vivemos e para os que nos visitam. Sonho em ter uma casa grande, com um quarto de hóspedes, para poder receber ainda mais convidados. No entanto, enquanto isso ainda não é possível, tento tratar minhas visitas da melhor maneira: pergunto o que elas gostam de comer, escrevo uma cartinha de boas-vindas – este é um hábito que aprendi com minha mãe e carrego em minha vida há tempos –, separo toalhas e itens básicos de higiene, caso tenham esquecido algo. Por aqui, as visitas dormem em colchões infláveis e não temos grandes luxos, mas sei que os pequenos detalhes as fazem se sentir amadas e especiais. Eu amo despertar a sensação de zelo, carinho, compaixão e amor nos hóspedes que recebo.

Isto é lar: um ambiente de cuidado, dedicação, comunhão e cura. Casa é apenas um espaço físico onde falta vida: os moradores entram e saem sem muitas conexões ou alegria. Os móveis não são convidativos e, embora as atividades aconteçam com bastante funcionalidade, tudo pareça perfeito e refinado – a ponto de as visitas se sentirem como um elefante em uma loja de cristais: não podem encostar nos objetos, pois correm o risco de quebrá-los –, não há atenção aos detalhes.

A forma como nos portamos dentro de casa também revela muito sobre os valores de um lar. Eu percebo que é comum reservar as melhores louças para as visitas, enquanto marido e filhos comem nos mesmos pratos lascados e arranhados todos os dias, com talheres tortos e copos antigos. Mas os nossos familiares são as pessoas mais importantes de nossa vida, então por que não oferecer utensílios de qualidade para eles? Isso é apenas a ponta do iceberg, pois há ainda um questionamento mais profundo: existem outros tratamentos especiais que você reserva apenas para os de fora? Como você se comporta quando não há visitas em sua casa? O seu caráter – aquilo que fazemos quando não somos observadas – permanece o mesmo?

Por exemplo, quando você vai ao banheiro e derruba papel higiênico no chão, você recolhe? Eu sim, muito embora ninguém esteja olhando, pois sei que, depois de mim, outras pessoas utilizarão o local. Quando está no mercado e, acidentalmente, deixa cair alguns legumes, você finge que não vê ou arruma a bagunça? Podemos pensar que não há motivo para nos preocuparmos, talvez porque exista algum funcionário encarregado da limpeza, mas é necessário aprender a cuidar do que é público e abandonar o egoísmo.

Isso também envolve os traços da nossa personalidade e temperamento. Tenha cuidado com o que diz para as pessoas. Em momentos de estresse, sentimos o impulso de falar sem antes pensar em como nossas palavras serão recebidas pelos ouvintes. Porém, vivemos em comunidade e isso requer de nós respeito ao próximo.

O mesmo se aplica dentro do seu lar. Como você age com seus familiares? Apenas suportam uns aos outros ou de fato se amam e desejam estar nesse ambiente? Sugiro que faça uma breve avaliação de quem você é em casa, já que, nesse local confortável, corremos o risco de desvalorizarmos os que convivem conosco.

Eu penso que tais comportamentos desagradáveis e disfuncionais podem causar a destruição de casamentos e famílias. Em certos momentos, precisaremos restabelecer as conexões e colocar nosso marido e filhos como prioridades. Nosso lar deve ser um local de refrigério, onde criamos vínculos, adquirimos princípios, fortalecemos amizades, demonstramos afeto, intimidade e confiança, desenvolvemos uma postura íntegra e nos aperfeiçoamos como seres humanos.

> *[...] Dentro da minha casa viverei com um coração íntegro.* **(Salmos 101.2)**

As nossas atitudes geram um grande impacto dentro de casa, por isso é fundamental nos dedicarmos a fim de construirmos um ambiente agradável e acolhedor. Existem alguns pontos que julgo essenciais para mantermos a atmosfera de ordem e amor em nosso lar, mesmo em meio aos imprevistos do dia a dia.

## *Organização*

O primeiro deles é a organização, que garante praticidade, agilidade, funcionalidade e elimina pequenos estresses que poderíamos sofrer ao longo do dia. Seu lar deve permanecer arrumado de maneira que, a qualquer momento, você esteja preparada para receber pessoas. Mais do que isso, é importante mantê-lo organizado para o bem-estar da sua família. Se você vive com seus pais ou divide a casa com alguém, faça a sua parte e ajeite o que estiver ao seu alcance, mesmo que seja apenas o seu quarto.

Um lugar desorganizado visualmente pode nos sobrecarregar mentalmente, o que influencia a forma como nos relacionamos com nossos familiares. Se todos os dias acordamos em uma casa bagunçada, com objetos jogados em todo canto, a louça suja na pia, a cama por fazer, isso gera um impacto negativo em nosso subconsciente, o que, consequentemente, desordena nossa mente.

Quando comecei a introdução alimentar do meu filho, ele demorou um tempo até se adaptar com a comida, a cadeira, o prato e os talheres. Uma vez, enquanto eu o alimentava, virei as costas por um instante para pegar um copo e, de repente, ele jogou o prato de comida no chão. Sabia que aquele comportamento era comum para um bebê e não foi proposital, então me agachei para arrumar a bagunça. Entretanto, enquanto limpava o chão, pensei: "Se eu fosse uma mulher muito estressada, qual poderia ter sido o desfecho dessa situação?". Provavelmente, a sobrecarga de um ambiente completamente desarrumado e caótico poderia me fazer explodir diante daquele cenário, como se a comida derrubada fosse a gota d'água, e eu acabaria descontando a minha irritação em meu filho, que não é culpado de nada.

Além de um ambiente organizado externamente, precisamos manter a calma e organização da nossa mente ao lidar com o que foge ao nosso controle. A sua desorganização mental ou física pode ser a causa de muitas das irritações e comportamentos impulsivos que você tem ao longo do dia. Para evitar que isso aconteça, contamos com o auxílio de alguém muito especial: o Espírito Santo.

## *Fruto do Espírito*

*Entretanto, o fruto do Espírito é amor, alegria,*
*paz, paciência, amabilidade, bondade,*
*fidelidade, mansidão e domínio próprio.*
*Contra essas coisas não há lei.*
**(Gálatas 5.22-23)**

Como as Escrituras explicam, o fruto do Espírito se desdobra em nove qualidades, e a ideia é que sejamos capazes de desenvolver todas elas – não apenas uma ou outra. Para isso, precisamos nos esvaziar de nós mesmas continuamente, a fim de abrirmos espaço para o agir de Deus em nosso interior, de modo que sejamos preenchidas pelo caráter de Cristo. Dessa forma, o nosso lar será transformado por completo. A seguir, esmiuçaremos cada uma dessas nove características.

## Mansidão

*Você, porém, que é um homem de Deus, fuja*
*de todas essas coisas más. Busque a justiça, a*
*devoção e também a fé, o amor, a perseverança*
*e a mansidão.* **(1Timóteo 6.11, NVT)**

A mansidão nos permite manter a calma, obedecer ao Senhor mesmo em meio às lutas e proporciona paz para o nosso coração, por meio da certeza de que Deus trabalha a nosso favor.

Como mãe, sinto-me em um constante treinamento, pois meu filho me ensina diariamente a ser dócil e a me tornar alguém melhor. Tenho a consciência de que sou um exemplo para ele em todo tempo, desde a forma como falo até como me comporto. Uma postura mansa é admirável e inspira nossos filhos a também serem mansos e humildes de coração.

## Domínio próprio

> *Melhor é o homem paciente do que o guerreiro; mais vale controlar o seu espírito do que conquistar uma cidade.* **(Provérbios 16.32)**

O domínio próprio está relacionado ao controle do eu, das nossas emoções, orgulho e impulsividade, que nos leva a tomar atitudes inconsequentes. Essa qualidade do Espírito Santo é extremamente necessária em nosso casamento, amizades, relações familiares e profissionais.

Devemos temperar nossos comportamentos e evitar usar nossas feridas como justificativa para magoar os que convivem conosco. Então não acumule questões mal resolvidas ao longo dos seus dias, pois provavelmente elas o acompanharão em todos os ambientes, e você terá grandes chances de descontá-las nos outros de maneira injusta.

## Paz

*A paz de Cristo deve ser o juiz no coração de vocês, visto que foram chamados para viver em paz, como membros de um só corpo – e sejam agradecidos.* **(Colossenses 3.15)**

Não é fácil sentirmos paz em todo tempo, mas somos capazes de acessá-la ao nos recordarmos de que tudo está sob o controle de Deus, o que nos leva a descansar verdadeiramente.

Depois que perdi meu pai, além de lidar com o luto, precisei resolver diversas burocracias. No entanto, lembro-me de encontrar contentamento e paz em meio ao caos sobrenaturalmente. Quando não enxergamos uma saída para as situações difíceis e não há nada que possamos fazer, o nosso maior refúgio sempre será nos braços do Pai.

## Paciência

*Alegremse na esperança, sejam pacientes na tribulação, perseverem na oração.* **(Romanos 12.12)**

Paciência é entender que as circunstâncias não acontecem no tempo e da forma como desejamos. É importante exercemos essa qualidade em nossos relacionamentos interpessoais, na forma como lidamos com as pessoas ou como nos comportamos quando alguém não faz o que gostaríamos. Por exemplo, se você está em um restaurante e o atendente foi rude, qual é o seu impulso? Retribuir com grosseria? Como filhas de Deus, nossa atitude precisa refletir o caráter do nosso Pai.

Quando eu estava em uma viagem missionária com um grande grupo de pessoas, ao final de um dos cultos, saímos para tomar açaí. Chegamos no restaurante perto da hora de fechar, e uma das garçonetes nos atendeu de forma ríspida – obviamente, ela queria ir embora. Percebi que minha amiga se incomodou e queria "pagar com a mesma moeda", mas havíamos acabado de ouvir sobre a Palavra de Deus no culto e eu sabia que o Espírito Santo poderia contornar aquela situação. Então, eu a corrigi:

– Amiga, não faça assim.

– Mas a atendente foi grossa – ela comentou.

– Coloque-se no lugar dela: essa moça deve estar aqui desde cedo, e não sabemos pelo que passou. Talvez não seja agradável ver um grupo de jovens que entra no restaurante cantando e sorrindo, enquanto ela se sente triste.

Em seguida, sugeri que orássemos pela funcionária. Minha amiga ofereceu uma oração e ela abriu um sorriso, o primeiro até aquele momento. O desfecho dessa história nos surpreendeu: a atendente estava distante de Jesus, não frequentava a igreja há tempos e aquela demonstração de carinho a marcou. Depois de orarmos, ela agradeceu com lágrimas nos olhos. Desde então, percebi o quanto podemos mudar o dia e a realidade de alguém quando agimos com compaixão e empatia, de acordo com o exemplo de Cristo, sem esperar nada em troca.

## Amabilidade

*Que a amabilidade de vocês seja conhecida por todas as pessoas [...].* **(Filipenses 4.5)**

Amabilidade é a característica de quem age com gentileza, é amigável, carinhoso e faz tudo com amor – desde lavar a louça e cuidar da família, até cumprir uma tarefa no trabalho. Quando recebo alguém em casa para tomar um café, preparo um bolo, arrumo a mesa e me atenho aos detalhes, como deixar um chocolate, um biscoitinho ou um bilhete carinhoso no pires. São maneiras simples de fazer com que as pessoas se sintam queridas.

## Alegria

*Alegremse sempre. Orem constantemente. Deem graças em todas as circunstâncias, pois esta é a vontade de Deus para vocês em Cristo Jesus.* **(1Tessalonicenses 5.16-18)**

A alegria é uma das qualidades do fruto do Espírito que mais amo. Tenho o costume de chamá-la de dom, porque certas pessoas transbordam contentamento e satisfação de maneira tão natural que chega a ser inspirador. Acredito que nos tornamos alegres quando aprendemos a enxergar a vida com leveza e esperança, com a certeza de que, embora enfrentemos situações adversas, podemos sorrir, pois somos sustentadas por Cristo.

Durante uma viagem missionária no Sertão, o Senhor falou comigo e com uma amiga minha através da vida de um pastor, que declarou: "A alegria flui de vocês como um rio, e Deus as ungiu com este dom para transformar ambientes". Ouvir aquilo foi tão impactante, que ficou para sempre guardado em minha memória.

Porém, é importante que estejamos atentas, pois o Diabo tenta nos paralisar exatamente na mesma área em que o Senhor deseja nos usar, fazendo-nos duvidar da nossa identidade em Cristo ou da alegria que carregamos. Portanto, apegue-se com convicção àquilo que Deus confirmou em seu coração.

## Fidelidade

> *Deus não é homem para que minta nem filho de homem para que mude de ideia. Acaso ele fala e deixa de agir? Acaso promete e deixa de cumprir?* **(Números 23.19)**

Deus é fiel, faz-se presente em todo momento e cumpre o que planejou para nós, desde que façamos a nossa parte. Em resposta ao maior exemplo de fidelidade que poderia existir, somos chamadas a amá-lo, honrá-lo e obedecê-lo. Devemos ser devotas ao Senhor como em um casamento, pois ele estabeleceu conosco uma aliança que jamais será quebrada.

Como consequência, isso transbordará para nossas relações: seremos mulheres de palavra, que falam a verdade e cumprem suas promessas, amigas de confiança, esposas fiéis e mães dedicadas.

## Bondade

> *Deus nos ressuscitou com Cristo e com ele nos assentou nas regiões celestiais em Cristo Jesus, para mostrar, nas eras por vir, a incomparável riqueza da sua graça, demonstrada na sua bondade para conosco em Cristo Jesus.* **(Efésios 2.6-7)**

Que privilégio poder servir a um Deus que é bom e misericordioso eternamente. Na Bíblia, encontramos diversos exemplos de sua bondade, e ela também é visível em nossa vida hoje, apesar dos desafios que enfrentamos. No passado, o Senhor me livrou de muitas situações ruins e percebo como seu cuidado foi nítido ao longo da minha trajetória. Além disso, quando olho para minha família, não há como negar sua infinita bondade ao me presentear com filhos e um esposo maravilhosos.

Nós exercermos essa qualidade ao nos portarmos de maneira educada, respeitosa e tratarmos os outros com misericórdia – assim como Deus faz conosco. Seja bondosa com as pessoas de sua casa, na igreja, na portaria do seu condomínio, na escola do seu filho, no seu trabalho. Sempre temos a oportunidade de agir como Cristo.

## Amor

*Porque Deus tanto amou o mundo que*
*deu o seu Filho Unigênito, para que todo*
*aquele que nele crer não pereça,*
*mas tenha a vida eterna.*
**(João 3.16)**

Por último, mas não menos importante, o Espírito Santo gera em nós o amor. Para além de nossas palavras, devemos também amar o próximo com nossas ações. Do que adianta dizer "eu amo você", sem que suas atitudes revelem o mesmo? Como demonstraremos nosso amor, se desejamos o mal de alguém, proferimos insultos e desvalorizamos os que estão à nossa volta?

Novamente, temos o exemplo do nosso Pai, que realizou a maior prova de amor da história: entregou seu único Filho para nos tornar parte de sua família. Em 2018, eu experimentei esse amor quando comecei a ser intencional em meu relacionamento com o Senhor.

Entendi verdadeiramente que Cristo me amou primeiro, antes mesmo que eu o aceitasse como Senhor e Salvador, ao se entregar na cruz por mim.

A fim de valorizarmos esse tremendo ato de amor, a Bíblia nos ensina a cumprir os maiores e mais importantes mandamentos: amar a Deus e ao próximo como a nós mesmos.

Quando permitimos que o Senhor desenvolva em nós esses nove atributos, a presença do Senhor passa a transbordar em nosso lar, gerando cura, reconciliação e o aperfeiçoamento do nosso caráter. O fruto do Espírito Santo é mais do que suficiente para transformar a vida de nossa família, mas gostaria de compartilhar algumas outras virtudes que podem auxiliá-la na construção de um ambiente saudável dentro de casa.

## *Ordem*

*Pois Deus não é Deus de desordem, mas de paz. Como em todas as congregações dos santos.*
**(1Coríntios 14.33)**

Um lar necessita de ordem. Diferentemente da organização, que está relacionada à administração e preservação do espaço físico – como manter objetos em seu devido lugar, gavetas arrumadas, cômodos limpos –, a ordem diz respeito à elaboração de regras que proporcionem respeito, cuidado e amor entre os familiares.

Minha mãe costumava criar regras básicas que proporcionavam o melhor funcionamento do lar e as deixava visíveis para todos na porta da geladeira:

1º - Não brigar com os irmãos.

2º - Se brigarem, façam as pazes imediatamente e se abracem.

3º - Não falar palavrão.

4º - Fazer o dever de casa.

E assim por diante. Ela sempre foi muito intencional na comunicação com meus irmãos.

## Disciplina

*Quem ama a disciplina ama o conhecimento,*
*mas aquele que odeia a repreensão é estúpido.*
**(Provérbios 12.1)**

A disciplina caminha ao lado da maturidade – já que pessoas maduras fazem o que deve ser feito, não apenas o que desejam – e possibilita o cumprimento da ordem. Para garantir o bem-estar do nosso lar, precisamos ser mulheres disciplinadas, que realizam seus compromissos e tarefas mesmo sem vontade. Nossos filhos também merecem ser ensinados sobre essa virtude: devem aprender a obedecer, a respeitar os horários de cada atividade, a terminar o que começaram, a serem educados com as pessoas e cumprirem com suas obrigações. Tudo isso faz parte de uma família funcional.

A disciplina também está relacionada à imposição de limites. Quando criança, meus pais me instruíram sobre o que é certo e errado, moldaram meu comportamento e corrigiram minhas atitudes. Cresci com esses princípios bem estabelecidos e, depois de me aprofundar na leitura da Palavra, compreendi que a correção está ligada ao amor:

> *Quem não corrige os filhos mostra que não os ama; quem ama os filhos se preocupa em discipliná-los.* **(Provérbios 13.24, NVT)**

## *Carinho*

Demonstre carinho com suas atitudes e surpreenda seu cônjuge, seus filhos ou seus pais com amor: prepare um jantar surpresa, ore todas as noites pela sua família, escreva uma cartinha para cada membro da sua casa ou cole bilhetes no espelho do banheiro, com a mensagem: "Eu amo você".

Não deixe que o amor se esfrie, pois a Palavra de Deus é bem clara quanto a isso:

> *Por causa do aumento da iniquidade, o amor de muitos esfriará, mas aquele que perseverar até o fim será salvo.* **(Mateus 24.12-13)**

Ainda que o mundo se corrompa, o amor dentro de nossos lares deve permanecer. E isso também se aplica às solteiras. Quando eu morava sozinha, gostava de receber pessoas com a mesa arrumada, servia algo para comer – mesmo que fosse apenas um café e biscoitinhos – e demonstrava que me importava com as visitas. Lembro quando recebi uma amiga e, com o passar do tempo, ela percebeu que já estava tarde, mas não queria ir embora. Ela comentou que minha casa era um ambiente acolhedor, repleto de amor, de paz e de Cristo. Eu me senti lisonjeada e jamais me esqueci daquelas palavras. Ainda era solteira, mas fui capaz de proporcionar uma atmosfera familiar, onde ela sentia a presença do Espírito Santo.

## *Valorize as refeições ao redor da mesa*

Uma das maneiras mais fáceis de aplicarmos tudo o que vimos até aqui é ao redor da mesa. Separe um horário em seu lar, escolha uma refeição por dia – se isso não for possível dentro da sua realidade, tente aplicar este costume pelo menos uma vez por semana –, e aproveite este momento para se conectar com a sua família.

Além de garantir proximidade, essa é a oportunidade de alinhar os valores do seu lar, ensinar sobre a Palavra de Deus, gerar cura, ter conversas difíceis e reconectar laços que talvez tenham se desunidos por conta da correria do dia a dia. Às vezes, as demandas do cotidiano roubam o seu tempo de qualidade com os outros – ou até consigo mesma –, mas é preciso valorizá-lo. Creio que poucas coisas são melhores do que comer uma comida deliciosa, feita com muito amor, e conversar com as pessoas que amamos.

Um café com as amigas pode valer mais do que horas de terapia, então passe tempo com elas também. No entanto, lembre-se de não usar esses momentos para reclamar do seu marido, filhos e parentes. Desabafe apenas com pessoas de confiança que serão capazes de aconselhá-la sabiamente. Além disso, valorize as conversas leves, divertidas e as risadas em boa companhia.

Quando você aplicar esses princípios em sua rotina diária, sua vida será renovada. Transformar nossa casa em um lar é uma tarefa contínua, por isso não deixe de pedir a Deus por estratégias. Oro para que sua família transmita a imagem do Senhor e que as pessoas que a visitarem percebam algo de diferente e especial no ambiente. Cuide do que Deus confiou a você, a fim de que seu lar seja fértil, saudável e gere bons frutos.

> *Toda árvore é reconhecida pelo fruto que dá. Ninguém colhe figos de espinheiros nem uvas de ervas daninhas. O homem bom tira boas coisas da bondade que entesoura no coração, mas o homem mau da sua maldade tira coisas más [...].* **(Lucas 6.44-45)**

Se você está solteira, faça desses princípios um hábito em sua vida a partir de agora, dessa forma, quando se casar, eles já estarão enraizados em seu interior. O casamento traz consigo diversas transformações, por isso é sábio nos prepararmos da melhor maneira: estude sobre relacionamentos conjugais, aprenda a cuidar da casa, a cozinhar e a fazer as tarefas com o coração grato. Não espere se tornar uma esposa para começar a se aprimorar, dedique-se desde já.

*Pois toda casa é edificada por alguém,*
*mas Deus é aquele que edificou tudo.*
**(Hebreus 3.4)**

“O Diabo tenta nos paralisar exatamente na mesma área em que o Senhor deseja nos usar.”

Capítulo 6

# Saia da caverna

*De que adianta, meus irmãos, alguém dizer*
*que tem fé, se não tem obras? Acaso a fé pode*
*salválo? Se um irmão ou uma irmã precisar de*
*roupas e do alimento de cada dia e um de vocês*
*lhe disser: "Vá em paz, aqueçase e alimentese até*
*satisfazerse", sem, porém, lhe dar o que necessita,*
*de que adianta? Assim também a fé, por si só, se*
*não é acompanhada de obras, está morta.*
**(Tiago 2.14-17)**

Há uma frase que sempre trago em minha mente: compartilhe suas cicatrizes, não suas feridas. Não é todo mundo que precisa saber os detalhes do que acontece em nossa vida. Existem memórias, experiências e pensamentos que devemos guardar em nosso coração – ou quem sabe contá-los a pouquíssimas pessoas –, pois corremos o risco de sermos mal-interpretadas, de causarmos um impacto negativo em alguém, de recebermos conselhos insensatos ou de que a nossa dor seja usada contra nós.

Por outro lado, após a cicatrização das feridas, adquirimos uma nova perspectiva a respeito das dificuldades que um dia pareciam impossíveis de serem solucionadas, e obtemos a autoridade de quem conseguiu vencer um obstáculo desafiador. Assim, nós nos tornamos capazes de compartilhar nossa história através de uma ótica de superação e esperança, o que pode auxiliar aqueles que se identificam com a nossa trajetória.

Depois de tudo o que compartilhei com você até aqui, espero que esteja claro em seu coração a importância de tratarmos nossas dores. Sei que nem sempre é fácil reconhecermos que precisamos de ajuda. Muitos podem acumular conhecimentos sobre psicologia ou inteligência emocional, mas se não se submeterem ao processo de cura, provavelmente serão incapazes de completá-lo. Isso acontece porque a cicatrização envolve submissão a Deus e humildade para procurarmos aconselhamento. Se estivermos travadas pelo orgulho, continuaremos a acumular feridas.

Uma das minhas primeiras mentoreadas me impactou com sua transformação e foi incrível acompanhar de perto sua jornada. Quando conversamos pela primeira vez, ela comentou que tinha muitas alergias na mão, que deixavam sua pele vermelha e coçavam muito. Também lembro de reparar que constantemente balançava as pernas enquanto falava, um comportamento típico de alguém que lida com episódios de grande ansiedade.

Ela comentou que era dona de um estabelecimento no setor de alimentação, o qual demandava bastante atenção. Conforme essa empresa se desenvolvia e adquiria novos sócios, ela percebeu que o propósito inicial de tudo aquilo estava se perdendo. Seu sonho de empreender com amor, dedicação e paz se esvaía, enquanto o foco parecia se concentrar apenas no lucro e no crescimento do negócio.

Então, surgiu a reflexão: será que vale a pena? Crescer, mas perder sua essência? Em meio àquele processo, ela, que mal acreditava em Deus, converteu-se e aceitou Jesus como seu Senhor e Salvador. Em seguida, abandonou seus sócios e abriu um novo negócio, com o qual poderia realizar o desejo do seu coração. Hoje, é uma mulher casada, completamente realizada, que tem avançado na fé, dedicada ao Senhor e à sua empresa. Ela identificou os pensamentos que a limitavam, descobriu seu real propósito de vida e entendeu que vale a pena viver os sonhos de Deus. A partir disso, suas alergias e crises de ansiedade foram tratadas.

Se eu contasse a você todas as histórias de cura que já presenciei, este livro teria dezenas de páginas apenas sobre esse assunto. Durante todos esses anos, no entanto, nunca vi uma pessoa ser completamente sarada, sem a intervenção de Cristo. Todos que embarcaram na jornada de tratar suas feridas, não só buscaram se aprimorar emocional e fisicamente, mas também se aprofundaram na fé.

## *Resista à comparação*

Entretanto, gostaria de lembrá-la que a cura não ocorre repentinamente: são pequenas batalhas vencidas, não uma grande luta que ganhamos de uma vez. Insisto nisso, para que você compreenda que tomar a decisão de mudar não significa que todos os seus problemas serão resolvidos em um piscar de olhos. O crescimento pessoal é repleto de imperfeições, tropeços, erros e acertos. Portanto, precisamos ser pacientes e resistir à tentação de nos compararmos com pessoas que talvez pareçam estar à frente de nós.

Nos dias de hoje, parece que todos esperam de você um sucesso absoluto em todas as áreas da vida, como se fôssemos obrigadas a ter um corpo perfeito, uma fé inabalável, um lar impecável, um casamento irretocável, filhos educados e obedientes, um trabalho que nos dê bastante dinheiro – mas que não ocupe todo nosso tempo –, uma pele linda e uma autoestima "de milhões". Será que isso realmente é possível?

Com as redes sociais, a comparação se tornou frequente, mas não deve ser normalizada. Andamos em círculos, enquanto buscamos ser alguém que não corresponde ao chamado que recebemos do Senhor, movidas pela aparência. Não é sábio compararmos o nosso bastidor com o palco do outro, já que somos seres únicos e extraordinários.

A Internet dissemina uma perfeição que não condiz com o que enxergamos à nossa volta no mundo real.

Por exemplo: as fotos postadas por um casal podem causar a impressão de que não há falhas em seu casamento, mas elas são apenas recortes de uma relação e não devem ser usadas como parâmetro para medir quão bons são os nossos próprios relacionamentos.

Se nos permitirmos cair nessa armadilha, pensaremos que os conflitos e as conversas difíceis que temos com nosso cônjuge não se assemelham à realidade de outros casais. Teremos, então, a ilusão de que vivemos situações infinitamente mais desafiadoras do que as pessoas ao nosso redor, o que gera sofrimento e decepção.

Alguns se perdem nessa espécie de "looping da comparação" de maneira tão intensa, a ponto de apresentarem casos sérios de depressão, presos ao passado. Outros, focam apenas no futuro e no que gostariam de vivenciar, uma postura nociva que desperta intensas crises de ansiedade.

## *Não ande sozinha*

Nós podemos – e devemos –, da melhor forma possível, equilibrar nossas demandas e arrumar a bagunça nas diversas áreas da nossa vida, mas sem deixar de compreender que, às vezes, algumas delas serão prioridade em detrimento de outras. Além disso, teremos de aprender a delegar, em vez de tentar dar conta de inúmeros afazeres sozinhas.

Abrir mão do controle é algo extremamente desafiador para mulheres que estão acostumadas a resolver tudo para todos – um perfeccionismo disfarçado de generosidade: "Ninguém fará melhor do que eu, então prefiro fazer!". Mas essa postura é insustentável, pois não conseguimos lidar com jornadas cansativas de trabalho, cuidados com a casa, filhos, casamento, vida pessoal e espiritual, sem cometermos nenhum erro. Se tentarmos equilibrar muitos pratos de uma só vez, é muito provável que algum deles cairá e se quebrará em pedaços.

Por isso, estabeleça prioridades e entenda que você não pode se responsabilizar por todos os problemas que surgirem. Muitas de nós agem como se não pudessem ser vulneráveis ou pedir ajuda, e há uma frase interessante da professora e pesquisadora norte-americana Brené Brown, que diz: "*Vulnerabilidade é a última coisa que quero sentir em mim, mas a primeira que procuro no outro* ".[5] Ser vulnerável é revelar seu eu de uma maneira sensata, por meio da qual você se abre ao aprendizado, disposta a ouvir outras opiniões e percepções a seu respeito, algo essencial em nossa jornada de restauração.

## *Construa amizades verdadeiras*

Sinto-me realizada ao lado de pessoas com quem posso compartilhar o mesmo propósito; que oferecem suporte quando preciso, mas também são sinceras em

---

5 BROWN, Brené. **A coragem de ser imperfeito:** Como aceitar a própria vulnerabilidade, vencer a vergonha e ousar ser quem você é. Tradução: Joel Macedo. Rio de Janeiro: Sextante, 2013, p. 69. EPub. Disponível em: < https://acervo.uniarp.edu.br/wp-content/uploads/livros/A-Coragem-de-Ser-Imperfeito.pdf>. Acesso em: 02 out. 2024.

meio ao meu desenvolvimento; que amam me ver crescer e avançar, sem deixarem de me exortar em amor quando caminho para uma direção errada.

Amigas como essas são raras, porém não impossíveis de serem encontradas. Quando me perguntam: "Como fazer amizades verdadeiras?", eu sempre respondo: "Seja você uma amiga verdadeira". Afinal, colheremos o que plantarmos, e a Palavra de Deus é clara sobre isso:

> *Aquele que está sendo instruído na palavra deve compartilhar todas as coisas boas com quem o instrui. Não se deixem enganar: de Deus não se zomba. Pois o que o homem semear, isso também colherá. Quem semeia para a sua própria carne, da carne colherá destruição; contudo, quem semeia para o Espírito, do Espírito colherá a vida eterna.* **(Gálatas 6.6-8)**

Se desejamos o que é bom, não faz sentido semearmos rancor, intrigas e maldade. Muitos até se mostram bondosos em público, mas acumulam inveja e maquinam o mal em seus corações. Por isso, atente-se ao seu comportamento e seja a amiga que você gostaria de ter.

Enquanto alguns familiares são praticamente "obrigados a nos suportar" – já que carregam o mesmo sangue que nós –, amigos permanecem em nossa vida por amor: verdadeiramente desejam estar perto, querem se desenvolver ao nosso lado e têm interesse em construir uma relação genuína.

Por muito tempo, tive relacionamentos com pessoas autoritárias e interesseiras, por isso hoje valorizo aqueles com quem posso aprender algo novo, que me ensinam e me ajudam a ser alguém melhor sem querer algo em troca. Boas amizades são como uma via de mão dupla: há reciprocidade e dedicação de ambos os lados. Nessas relações, encontramos força e refrigério para seguir adiante.

Já conheci várias mulheres que se sentiam inseguras com relação a novas amizades, pois foram traídas ou enganadas por pessoas próximas no passado. Mas nem todos são iguais e não é porque você sofreu anteriormente que essa situação se repetirá.

Acredito que, quando servimos a Deus em obediência, ele filtra certas amizades e nos revela aquelas que de fato durarão para o resto da vida. Existem temporadas em que o Senhor renovará nossos relacionamentos e mudará o nosso ciclo de amigos, para que tenhamos acesso a novas influências que nos ajudarão a amadurecer. Quando sentimos que estamos "perdendo" pessoas, devemos avaliar se isso é causado por algum comportamento ruim da nossa parte ou se, na verdade, o Senhor deseja nos colocar em outras rodas de conversa que nos edificarão e nos levarão para mais perto de Cristo.

Eu já sofri bastante por conta de algumas amizades e, há alguns anos, passei por uma decepção que ocupava meus pensamentos constantemente. Em uma

"Compartilhe suas cicatrizes, não suas feridas."

consulta com minha psicóloga, comentei sobre isso e ela me ajudou a entender que nem sempre podemos ser muito exigentes com certas pessoas.

As esferas de nossa vida são como gavetas de um armário, e nossos relacionamentos precisam ser distribuídos dentro delas de maneira sábia: algumas amizades não cabem dentro de certas gavetas, ou seja, existem amigas com quem não poderemos compartilhar reflexões ou nos aprofundar em assuntos específicos – talvez por apresentarem alguma fraqueza ou imaturidade em determinada área.

As pessoas não são perfeitas e estão se desenvolvendo, assim como nós. Desde que entendi isso, além de orar para que Deus me apresente as amigas dele, peço sobretudo que o Senhor me dê discernimento e sabedoria para saber lidar com cada uma, sem demandar demais de alguém que ainda está vivendo seus processos. Além disso, também peço que o Espírito Santo me ajude a ser cada vez mais humilde, para que eu esteja disposta a aprender com mulheres que são infinitamente mais inteligentes em diversos âmbitos.

É claro que existirão amigas tão íntimas e conectadas conosco, que não precisaremos pensar muito antes de contarmos algo para elas. São relações de extrema confiança, um lugar seguro, mulheres com quem compartilharemos dores e alegrias, como se fizessem parte da nossa família.

*[...] existe amigo mais chegado que um irmão.*
**(Provérbios 18.24)**

Precisamos encontrar nas amizades um colo disponível e sincero que nos receberá em momentos de vulnerabilidade, e um lugar de afeto que nos acompanhe em nosso processo de transformação. Para que isso aconteça, é importante termos a coragem de sermos imperfeitas – título que dá nome ao livro de Brené Brown.[6] Como seres humanos, estamos suscetíveis ao erro, mas reconhecer nossas fraquezas nos permite receber ajuda e acessar a graça de Deus. Através de um caráter humilde e vulnerável, seremos fortalecidas pelo Senhor e pelas amizades que ele colocar em nosso caminho. Como está escrito na carta de Paulo aos coríntios:

> *Ele, porém, me disse: "A minha graça é suficiente para você, pois o meu poder se aperfeiçoa na fraqueza". Portanto, eu me gloriarei ainda mais alegremente nas minhas fraquezas, para que o poder de Cristo repouse em mim.* **(2Coríntios 12.9)**

Em nossas fraquezas, o poder de Deus se aperfeiçoa, pois, ao reconhecermos que somos incapazes de prosseguir sozinhas, abrimos espaço para que ele aja em nosso coração. A grandeza do Senhor é, então, revelada, frente à nossa pequenez. Apesar de sermos falhas, ele nos ama e nos sustenta em todo tempo.

---

6 BROWN, 2013. Disponível em: < https://acervo.uniarp.edu.br/wp-content/uploads/livros/A-Coragem-de-Ser-Imperfeito.pdf>. Acesso em: 02 out. 2024.

“Não é sábio compararmos o nosso bastidor com o palco do outro.”

Com a ajuda de Cristo, de pessoas capacitadas e de amigas verdadeiras, estaremos aptas a perseverar na busca pela cura. Às vezes, quando as notícias ruins chegam, nós nos desesperarmos a ponto de desacreditarmos no poder divino. Nesse momento, é extremamente importante ter alguém com quem contar.

## *Deus transforma nossa dor em remédio para outros*

Em meio às lutas, o Senhor nos forja e nos ensina a sermos totalmente dependentes dele. Se entregarmos os nossos problemas nas mãos do Pai e permanecermos fiéis aos seus mandamentos, alcançaremos a vitória na linha de chegada.

Há situações em que não seremos capazes de fazer nada além de crer no agir do Senhor, porque a solução pode nos parecer invisível. Mas a Bíblia afirma:

> *Ora, a fé é a confiança daquilo que esperamos e a certeza das coisas que não vemos.*
> **(Hebreus 11.1)**

No livro de Hebreus, encontramos a galeria dos heróis da fé, com diversos exemplos de homens e mulheres que creram na promessa de Deus. Noé construiu uma arca pela fé, quando ainda não havia uma nuvem no céu que indicasse chance de chuva:

> *Pela fé, Noé, quando avisado a respeito de coisas que ainda não se viam, movido por*

> *santo temor construiu uma arca para salvar a sua família [...].* **(Hebreus 11.7)**

Na sequência, lemos sobre a obediência de Abraão, que creu nas palavras de Deus e saiu da terra de sua parentela, mesmo que seu destino ainda fosse incerto:

> *Pela fé, Abraão, quando chamado, obedeceu e dirigiu-se a um lugar que mais tarde receberia como herança, embora não soubesse para onde estava indo.* **(Hebreus 11.8)**

Se continuarmos a leitura, encontraremos outros vários exemplos de fé: pessoas comuns que não pestanejaram quando postas à prova, creram antes de verem o milagre e que, por isso, construíram histórias extraordinárias, perpetuadas por gerações e contadas até hoje através das Escrituras.

Além desses, temos o nosso maior modelo: Cristo. Ele foi cuspido, espancado, ridicularizado, foi abandonado por seus discípulos e se entregou para ser crucificado (cf. Mateus 27.25-31). Jesus teve medo, sentiu-se angustiado e chegou a suar sangue. Porém, embora soubesse que enfrentaria tamanha agonia, permaneceu fiel à vontade do Pai até a morte:

> *Então, afastou-se deles a uma pequena distância, ajoelhou-se e começou a orar: – Pai, se queres, afasta de mim este cálice; contudo, não seja feita a minha vontade, mas a tua.*

*Apareceu-lhe, então, um anjo do céu, que o fortalecia. Estando angustiado, ele orou ainda mais intensamente, e o seu suor era como gotas de sangue que caíam no chão.* **(Lucas 22.41-44)**

Ao enfrentarmos situações de extrema dificuldade, não podemos deixar de nos lembrar do nosso Salvador, aquele que morreu, mas ressuscitou ao terceiro dia. Ele levou sobre si nossa culpa e já não somos mais escravas do pecado. Você é filha do Senhor por meio de Cristo, e seu Pai jamais a deixará sozinha em meio ao sofrimento.

À vista disso, encare os obstáculos como um laboratório de Deus, por meio do qual ele testará você e aperfeiçoará o seu caráter. Sim, ao longo da vida passaremos por diversas provações, mas devemos encará-las com alegria – por mais estranho que isso possa soar –, pois elas nos fortalecem e amadurecem a nossa fé: "Meus irmãos, considerem motivo de grande alegria o fato de passarem por diversas provações; assim, vocês saberão que a prova da sua fé produz perseverança" (Tiago 1.2-3).

Quando passamos pelas provas, conquistamos um testemunho de vitória que pode gerar mudança na vida dos que estão ao nosso redor. Deus deseja usar a sua situação atual para resgatar outras pessoas no futuro, isso significa que a sua cura não se limitará a você. Após a restauração, é tempo de sair da caverna e compartilhar o que o Senhor realizou em sua vida: o lugar do qual ele a tirou e onde a fez chegar.

Uma vez que somos restauradas, poderemos depositar tesouros na vida de outros. Não existe sensação de alívio maior do que ouvir: "Eu já enfrentei o mesmo que você está passando e posso ajudá-la a vencer esta situação". Alguns pensam que precisam de palco, altar, holofotes ou milhões de seguidores nas redes sociais para serem capazes de compartilhar seus testemunhos, mas o poder de Deus não se baseia no tamanho da nossa fama.

Todas nós temos algum tipo de influência no ambiente em que estamos – seja no condomínio, dentro de casa, entre os familiares e amigos, na escola, faculdade ou no salão de beleza. Esses lugares são o nosso campo missionário, repletos de pessoas que anseiam pela mensagem de esperança do Evangelho. Seja corajosa, esteja sensível ao direcionamento do Espírito Santo e se coloque à disposição do Reino.

Ame a Deus, obedeça-o e creia que ele age a seu favor em meio ao processo de cura. O Senhor está no controle e coopera para o nosso bem, quando nos empenhamos em amá-lo com toda força, alma e entendimento:

> *Sabemos que todas as coisas contribuem juntamente para o bem de todos aqueles que amam a Deus, dos que foram chamados de acordo com o seu propósito.* **(Romanos 8.28)**

As Escrituras afirmam que, através do poder que há em Cristo, adquirimos ousadia, liberdade e força para avançar. Ainda que estejamos cansadas, ele promete nos dar alívio e garante que já conquistou a vitória por nós na cruz do calvário.

*Venham a mim todos os que estão cansados e sobrecarregados, e eu darei descanso a vocês.* **(Mateus 11.28)**

Quando analiso a transformação que ocorreu em minha vida, não há como negar que Deus sempre esteve comigo. Sou órfã dos meus pais terrenos, mas sei que tenho um Pai celestial que me ama, zela por mim, conhece o meu íntimo e me oferece uma vida repleta de alegria. Hoje, sou capaz de agradecer por tudo o que passei, pois até mesmo as perdas, lutas e decepções me aproximaram de Deus.

Eu precisei me agarrar a ele com todas as forças mais de uma vez. O fato de eu não ter os meus pais comigo me faz ser ainda mais dependente do Senhor para fazer qualquer escolha. Quando decidi que ele me guiaria e que eu me entregaria aos sonhos dele, mudei da água para o vinho.

Com Jesus, minha trajetória ganhou um propósito alinhado ao coração do Pai. É certo que nem mesmo o nosso maior sonho se compara à grandeza dos planos que Deus nos reserva, pois nossa perspectiva de futuro é limitada: podemos, talvez, prever o que acontecerá amanhã, daqui a um mês ou ano no máximo; mas o Senhor, em seu poder e soberania imensuráveis, tem todos os nossos dias na palma de suas mãos.

As fases difíceis da nossa vida são etapas das quais não podemos escapar, mas funcionam como um casulo: mesmo que nos façam sentir presas no escuro, limitadas e solitárias, ajudam-nos a passar do estágio de lagarta para o de uma linda, admirável e livre borboleta, como Deus anseia que sejamos. Porém, não há como pular o processo.

É claro que cada uma de nós enfrentará dores e desafios diferentes. No meu caso, diversas circunstâncias complicadas me levaram a buscar o Senhor em meio ao desespero. Mas não precisamos esperar que algo ruim nos acometa para que tomemos a iniciativa de construir um relacionamento com o Pai. A presença divina pode ser sentida aqui e agora, enquanto você lê este livro, e conseguimos nos comunicar com ele quando e como quisermos – enquanto dirigimos, trabalhamos, ao lavar a louça ou tomar banho.

Conforme nos tornamos íntimas do Pai, ele nos corrige e nos coloca no caminho certo. Por isso, se você é uma seguidora de Cristo, não se acomode com comportamentos ruins. Se fala palavrões, tire-os de seu vocabulário; se você se veste de maneira vulgar, troque o seu estilo; se tem o hábito de falar mal dos outros, aprenda a se calar; se gasta mais do que devia, comece a se organizar financeiramente e seja responsável; se a prática do devocional não faz parte da sua rotina, organize-se para torná-la uma prioridade. A Bíblia é clara: "[...] vivam de maneira digna do chamado que receberam" (Efésios 4.1).

Se somos filhas de Deus, devemos nos comportar como tais, pois para isso fomos chamadas.

Converse com Deus como quem fala com seu melhor amigo, chame-o, apresente a ele seus pedidos e projetos, escreva suas orações em um caderno e declare as Escrituras em voz alta. Agradeça em todo tempo por cada nova manhã, pelo ar em seus pulmões, pelo privilégio de estar viva, pelos seus familiares e amigos. Valorize o que o Senhor depositou em suas mãos hoje – seus filhos, seu marido, seu trabalho, a igreja em que congrega –, com a convicção de que ele cuida de você, mesmo que o milagre ainda não tenha acontecido. Deus é sempre bom e temos muitos motivos para sermos gratas.

Um dia, enquanto conversava com uma mulher cheia do Espírito Santo que tem idade para ser minha mãe, contei sobre minhas lutas e tudo que vivi, ao que ela respondeu: "Ufa! Que história, você é uma sobrevivente!". Eu já havia normalizado as dores pelas quais passei, mas ouvir sua reação me fez perceber a intervenção sobrenatural de Deus ao longo da minha trajetória.

Apesar de eu ter enfrentado muitas angústias, ainda estou aqui; mesmo que Jesus não me tenha sido apresentado na infância, eu me converti; não nasci em um lar cristão, mas hoje minha casa serve ao Senhor; meus pais se divorciaram, porém sei que meu casamento foi constituído para durar o resto da vida; por mais que eu tenha visto minha mãe sofrer, lutarei para que meus filhos me enxerguem como uma mulher emocionalmente saudável; ainda que ela mal tenha tido a oportunidade de ser submissa ao seu marido, eu serei ao meu.

O Senhor fez grandes maravilhas e continua a me surpreender dia após dia. Com ele, obtive a esperança de que não estou fadada ao fracasso, e o mesmo se aplica a você. Lembre-se de que Deus tem o poder de transformar a nossa dor em remédio para outros.

Por um instante, pense em pelo menos duas pessoas que você admira. É muito possível que elas não tenham vivido uma história perfeita, como as retratadas em novelas e filmes de Hollywood. Provavelmente, enfrentaram frustrações e enganos, mas se deixaram ser forjadas pelos desafios, porque são eles que nos instigam a fazer o que nunca havíamos realizado antes. Talvez você também seja uma sobrevivente e tenha passado por perdas ainda mais doloridas do que as minhas. No entanto, Deus a sustentou até aqui e deseja usá-la como instrumento de cura.

Eu me considero uma pessoa incansável quando o assunto é impactar vidas e me sinto indignada quando vejo pessoas aquém do que poderiam ser, conformadas com a mediocridade. Sei que o Senhor me levantou para ajudar outras mulheres a romperem com suas travas, encontrarem sua verdadeira identidade e viverem o que foram chamadas para fazer. É isso o que queima em meu coração e creio que há algo que também arde dentro de você. Quando um cristão se cala, o Inferno se levanta; se o bem não se posiciona, os maus ganham força. Por isso, precisamos agir com fé e coragem, a fim de que o Reino de Deus avance. Como está escrito:

> *Não fui eu que ordenei a você? Seja forte e corajoso! Não se apavore nem desanime, pois o* Senhor, *o seu Deus, estará com você por onde você andar.* **(Josué 1.9)**

Espero, do fundo do meu coração, que você entenda que o mérito não está em nossa força pessoal, no quão interessantes, inteligentes ou habilidosas somos. A glória é somente de Jesus e nossa missão é permitir que a imagem dele seja refletida através de nós. Muitos talvez só tenham acesso ao Evangelho por meio de você, então dedique-se em servir a Cristo e agir como ele em qualquer oportunidade. A Palavra afirma:

> *Portanto, todos devem nos considerar servos de Cristo e administradores dos mistérios de Deus.* **(1Coríntios 4.1)**

Como mãe, esposa, amiga, irmã, filha, pastora, dona de casa, profissional ou empresária tenha a mesma atitude de Cristo: seja humilde, obedeça radicalmente ao Pai e sirva os que estão ao seu redor com amor.

Apesar da responsabilidade que nos cabe, lembre-se de que você não detém todo poder. Estamos em constante aperfeiçoamento, como vasos de barro, moldadas pelo Espírito Santo de Deus. Esteja apenas aberta ao agir do Senhor e creia que ele é o grande encarregado das mudanças sobrenaturais que ocorrerão em seu interior e através da sua vida.

> *Temos, porém, esse tesouro em vasos de barro, para mostrar que o poder que a tudo excede provém de Deus, não de nós.* **(2Coríntios 4.7)**

Sejamos firmes e fortes, convictas de que nossas feridas cicatrizadas irão transformar milhares de outras mulheres. Deus está ao seu lado, ele a criou de maneira maravilhosa e é dessa forma que deseja usá-la. Não deixe que nada nem ninguém a desanime. Diversas pessoas precisam ouvir o que você tem a dizer e a sua vitória pode ajudá-las a se reerguerem. Somos sobreviventes, escolhidas e separadas pelo Pai; filhas amadas que merecem viver os propósitos divinos. Deus conta com você!

"Encare os obstáculos como um laboratório de Deus."

# Conclusão

*Todavia, como está escrito: "Nenhum olho viu, nenhum ouvido ouviu, e coração nenhum concebeu o que Deus preparou para aqueles que o amam".* **(1Coríntios 2.9)**

Esse versículo estava no convite do meu casamento e é um dos meus trechos favoritos da Bíblia, pois é certo que Deus nos surpreende com bênçãos muito maiores do que somos capazes de imaginar. No entanto, para as pessoas que não são próximas a mim, pode parecer que a mudança aconteceu em minha vida da noite para o dia.

Muitos não sabem das renúncias que tive de fazer, ou da dedicação, intencionalidade e foco necessários para perseverar, mesmo quando sentia que as circunstâncias estavam contrárias a mim. Precisei acreditar em Deus, ser fiel à sua voz, permanecer firme na decisão de seguir o caminho certo e esperar pelo homem com quem iria me casar. Isso exigiu alguns anos de paciência, obediência e uma postura radical, pois já havia errado muito e não queria falhar novamente, principalmente em relação a essa área que era o meu maior sonho.

Quando conheci meu marido, namoramos e noivamos à distância, com muita sabedoria, diálogo e obediência ao Senhor. Um ano e meio se passou desde que nos conhecemos até o dia do nosso casamento. Apesar de não ter sido um espaço de tempo muito longo, precisei manter os olhos fixos em Deus durante aquela fase, para lutar contra a ansiedade e encontrar a paz que excede todo entendimento.

Hoje, vivendo no centro da vontade divina, tenho a convicção de que, por mais que talvez nos sintamos preparadas, jamais estaremos totalmente prontas para vivermos certas experiências, como o casamento ou a maternidade. A obra de aperfeiçoamento que o Senhor realiza em nós é constante, e só terminará quando estivermos no Paraíso. Se não entendermos isso, corremos o risco de exigir demais de nós mesmas e estabelecer expectativas inalcançáveis. Isso nos empurra para um lugar de comparação e nos faz sentir inferiores.

Por isso, sempre gosto de me enxergar como uma improvável, que se colocou à disposição de Deus e se permitiu ser usada por ele. Sou uma pecadora perdoada, e ter essa consciência faz com que eu me submeta à soberania de Deus diariamente. Dessa forma, abandono a comparação, aprendo a ser humilde como Cristo, foco nas verdades do Senhor a meu respeito e coloco os planos dele acima dos meus.

Assumindo essa postura, vivemos em obediência ao Pai e deixamos de ser mulheres mimadas que desejam que tudo aconteça do nosso jeito. Creio que amar a Deus envolve se render à vontade dele, não à nossa. Sei que isso é óbvio, mas temos o costume de nos esquecermos de que o Senhor ouve o que não ouvimos, vê o que não vemos, e sabe o que não sabemos.

Então, descanse e escute a voz do Pai. Assim como desenvolvemos intimidade com nossos amigos, marido e familiares, devemos nos tornar próximas de Deus para nos familiarizarmos com a sua voz. Converse com ele constantemente, busque se conectar com o Espírito Santo por meio da oração, leitura bíblica e adoração. Trabalhe em prol do Reino, frequente uma igreja, faça parte do Corpo de Cristo e, com o passar do tempo, você será capaz de identificar as formas como Deus fala.

Além disso, precisamos ter em mente que o mundo sempre tentará nos convencer a viver em libertinagem, longe dos propósitos divinos. No entanto, a Palavra nos alerta: "'Tudo me é permitido', mas nem tudo convém. 'Tudo me é permitido', mas nem tudo edifica" (1Coríntios 10.23). Atualmente, eu me considero uma mulher completamente polêmica para os padrões do mundo, pois sou casada, tenho filhos, sou submissa ao meu marido, cuido das tarefas do lar, trabalho de casa e sirvo à minha família. Apesar disso, tenho a convicção de que estou vivendo os sonhos de Deus.

Por esse motivo, dedico-me a incentivar outras pessoas a enxergarem sua importância para a construção de suas famílias. Acredito que mulheres realizadas e curadas criam filhos realizados e curados. Se sou alguém mais parecida com Cristo, torno-me uma mãe melhor, uma esposa mais madura, uma profissional mais excelente e uma filha obediente a Deus.

Escrevo estas palavras com muita alegria e tenho fé de que elas a alcançarão. O meu anseio é que você recupere o seu fôlego de vida e entenda que, apesar dos vales que encontramos na caminhada, o tempo de passar pelos picos chegará, para avançarmos e desfrutarmos do amor abundante de Deus. Por mais difícil que seja o seu momento atual, você merece ser feliz, plena e realizada.

Para as mulheres solteiras que sonham com um casamento abençoado – assim como eu também sonhava –, deixo uma mensagem especial: você precisa ser a primeira a acreditar que sua família já é um projeto divino, e que Deus anseia torná-lo real tanto quanto você. Faça a sua parte, descanse e aproveite a jornada de solteira. Use esse tempo precioso para frutificar e se preparar para os próximos passos.

Se você já está casada, lembre-se de quando isso era apenas um sonho em seu coração, algo ainda distante, pelo qual tanto orou. Por isso, dedique-se da melhor maneira hoje. Valorize o presente de Deus que está em suas mãos e cuide de sua família com muito amor, pois ela depende de você. Fixe seus olhos no Senhor: ele é o único que merece nossa devoção e nos dá forças para avançar.

Esse livro foi especialmente escrito do meu coração para o seu. Muito do que compartilhei aqui não foram conceitos inovadores. Na verdade, apenas repeti o que Jesus nos ensinou milhares de anos atrás. Talvez você seja uma cristã de berço, que escuta a mensagem do Evangelho e frequenta a igreja desde criança, mas todos temos um defeito terrível: somos especialistas em nos esquecermos da Palavra de Deus. Aquilo que devia ser claro para nós, precisa ser afirmado continuamente, dia após dia. Então, continue a meditar no que aprendeu até aqui, porque o óbvio – as verdades e promessas declaradas pelo Senhor – precisa ser dito, para que jamais se apague de nossas memórias: você tem valor, é amada, vista pelo Pai e pode sonhar em viver os propósitos divinos.

A sua cura tem poder para sarar outras mulheres, então não duvide daquilo que Deus pode fazer através da sua vida e seja ousada em compartilhar o seu testemunho. Muitas pessoas podem se identificar com a sua história e se sentirem inspiradas por saberem que você encontrou restauração e transformação. Espero que estas páginas a tenham ajudado a entender que você é forte em Deus, e que dedicar-se em curar suas feridas, apesar de árduo, é um trabalho valioso.

*Eis que estou à porta e bato. Se alguém*
*ouvir a minha voz e abrir a porta,*
*entrarei e cearei com ele, e ele, comigo.*
**(Apocalipse 3.20)**

Bó

# 30 atitudes práticas para transformar sua casa em um lar

1. Faça o seu devocional todos os dias.
2. Escute louvores, adore em voz alta e incentive seus familiares a fazerem o mesmo.
3. Se tiver filhos, organize programações semanais que se tornarão uma tradição: dia do cinema em casa, dia do café da manhã em família, etc.
4. Crie regras para o bom funcionamento do ambiente.
5. Crie uma rotina para organizar as tarefas.
6. Use flores para enfeitar os cômodos sempre que puder – mesmo que sejam artificiais –, faz toda a diferença.
7. Distribua as tarefas de cada membro da família.
8. Não fale palavrões nem permita que esse seja um comportamento corriqueiro em seu lar.
9. Tenha pelo menos uma refeição e um tempo de comunhão em família uma vez na semana.
10. Pelo menos uma vez por mês, converse com o seu marido para se aperfeiçoarem como casal e – se tiverem filhos – como pais.
11. Não deixe nada quebrado ou por fazer.
12. Vez ou outra, cozinhem em família.

13. Separe um tempo de casal pelo menos uma vez por semana.

14. Esforce-se para amar cada um em sua casa da maneira que mais se sentem amados.

15. Esforce-se para arrumar a mesa com uma toalha ou jogos americanos antes das refeições.

16. Sirva a comida na mesa quando tiver tempo, para que todos possam desfrutar desse momento.

17. Arrume sua cama.

18. Escolha uma fragrância agradável para ser "o cheirinho do nosso lar".

19. Não tenha um "quarto da bagunça", mantenha os cômodos sempre organizados.

20. Não acumule coisas desnecessárias e descarte ou doe o que não está sendo usado.

21. Use todas as suas louças no dia a dia, não espere uma ocasião especial.

22. Em vez de só se preocupar com a limpeza da casa, passe tempo com os seus familiares.

23. Não saia da mesa antes de todos acabarem a refeição para poder adiantar a limpeza da louça; desfrute desse tempo primeiro, arrume depois.

***24.*** Nem tudo é sobre luxo, mas sim sobre servir e estar atenta aos detalhes.

***25.*** Deixe bilhetes com mensagens carinhosas para seus filhos, marido, pais ou com quem você estiver dividindo o seu lar.

***26.*** Faça surpresas sempre que tiver a oportunidade: uma comida especial, carinhos inesperados, filme com pipoca para as crianças. Deixe sua criatividade fluir.

***27.*** Tenha tempo com suas amigas de oração, convide-as para um café e desfrute profundamente desse momento de serviço como ato de amor.

***28.*** Proteja sua casa das tolices do Inferno.

***29.*** Evite conversas difíceis ou brigas com seu cônjuge na frente dos filhos.

***30.*** Seja uma mulher de oração e a coluna de sua casa, escolhendo agir com sabedoria e equilíbrio.

# 7 dicas para preparar o seu lar e receber convidados

1 Antes de preparar as refeições, mande uma mensagem para os convidados e pergunte sobre suas preferências e possíveis restrições alimentares.

2 Coloque uma música ambiente que agrade a todos para criar um clima descontraído – atente-se ao volume, pois é importante que as pessoas conversem sem precisarem gritar.

3 Ofereça alguns petiscos até que a refeição fique pronta – às vezes os convidados estão com muita fome, mas têm vergonha de pedir algo.

4 Arrume a mesa com guardanapos bonitos, toalhas ou conjuntos que combinem. Você pode pesquisar referências de decoração na Internet. Uma dica fácil é reutilizar garrafas de vidro como vasos de flores – adoro as astromélias, pois elas duram muito.

5 Perfume a casa com uma fragrância agradável. Quando preparamos uma comida, o ambiente fica com um aroma delicioso, mas também gosto de utilizar um cheiro sutil que combine com o nosso lar.

6 Confira se os banheiros ou lavabos têm papel higiênico, sabonete e toalhas limpas. Esteja atenta aos detalhes para que seu convidado não se sinta constrangido em pedir algo.

7 Ao receber hóspedes, gosto sempre de deixar um bilhete em cima da cama, com toalhas, cobertor e itens básicos de higiene pessoal – sabonete, pasta e escova de dente. Além disso, também gosto de deixar disponível uma cesta de lanches com opção salgada e doce, caso a pessoa sinta fome.

# 10 conselhos para transformar seu casamento

1 Tenham uma comunicação sincera, aberta e assertiva. Não espere que seu marido adivinhe o que você está pensando.

2 Elogie seu marido.

3 Faça surpresas: um jantar romântico, uma cartinha inesperada, um presente.

4 De vez em quando, tome a iniciativa nos momentos de intimidade.

5 Jamais fale mal dele em rodas de conversa.

6 Não tenha o costume de criticar o seu marido como pai. Lembre-se de que ele está fazendo o melhor que pode, e o seu papel é ajudá-lo em vez de paralisá-lo.

7 Incentive o seu marido a ser a melhor versão dele.

8 Cuide do seu marido com a consciência de que isso também é servir a Deus.

9 Demonstre seu amor por meio do toque físico: abrace, faça carinho de forma espontânea, beije com paixão – não apenas para cumprir uma obrigação.

10 Incentive o seu marido a orar, ter tempo com Deus, ir à igreja e servir a Jesus.

# Receitas favoritas da Laila

# Bolo de milho

Sem glúten e sem lactose

## Ingredientes

- 1 lata de milho (sem o líquido)
- 1 lata de leite de coco (com a mesma medida da lata de milho)
- 1 lata de açúcar demerara (com a mesma medida da lata de milho)
- 1 lata de flocão de milho
- ½ lata de óleo de coco líquido
- ½ lata de coco em flocos
- 3 ovos inteiros
- 1 colher (sopa) de fermento em pó
- margarina para untar
- farinha de trigo para polvilhar

Obs.: Geralmente, uso uma forma de silicone que não precisa ser untada depois do primeiro uso.

## Modo de preparo

Pré-aqueça o forno.

No liquidificador, bata o milho (já escorrido), o leite de coco, o óleo de coco, os ovos e o açúcar, até que o milho fique bem moído e a mistura se transforme em um creme.

Acrescente o flocão de milho e bata novamente. Em seguida, adicione o coco em flocos (se gostar da textura do coco, apenas misture tudo com uma espátula; caso contrário, bata mais um pouco).

Depois, acrescente o fermento. Você pode misturar com uma espátula de silicone ou apenas pulsar a massa no liquidificador.

Despeje a mistura na forma. Asse em forno médio por volta de 40 minutos a 180°C. Espere até que o bolo adquira um tom dourado e bonito. Fure o bolo com um palito de dente. Se o palito sair limpo, significa que o bolo está pronto.

Retire do forno, espere esfriar e desenforme.

Desfrute dessa receita que amo e bom apetite.

## Cuscuz de tapioca

### Ingredientes

- 500 g de tapioca
- 1 litro de leite quente
- 300 ml de água quente
- 1 xícara e meia de açúcar (caso prefira um prato mais doce, coloque 2 xícaras)
- 2 xícaras de coco em flocos
- 1 lata de leite condensado

### Modo de preparo

Despeje a tapioca, o açúcar e o coco em uma tigela e misture. Ferva a água juntamente com o leite, acrescente na mistura e mexa tudo delicadamente, até formar uma pasta homogênea.

Transfira a pasta para uma travessa, mantendo sua superfície bem alinhada. Cubra com papel alumínio e embrulhe tudo com um pano de prato limpo para abafar. Em seguida, guarde a travessa dentro do forno desligado.

Você pode deixá-la ali durante a noite para comer no dia seguinte, ou apenas até que esfrie. Para tornar esse prato ainda mais delicioso, sirva com leite condensado por cima.

# Frango desfiado na panela de pressão

## Ingredientes

- 500 gramas de frango
- ½ cebola picada
- 3 dentes de alho picados
- 1 lata de extrato de tomate
- cheiro-verde a gosto
- sal a gosto
- temperos a gosto (eu gosto de acrescentar orégano)
- azeite

## Modo de preparo

Em uma panela de pressão, refogue a cebola e o alho com azeite. Depois, acrescente o frango e deixe refogar. Em seguida, adicione o extrato de tomate e o cheiro verde. Misture bem e adicione água para cobrir tudo. Feche a panela e cozinhe na pressão por 15 minutos.

Espere a pressão sair e abra a panela. Você pode desfiar o frango com o garfo, ou fechar novamente a panela e sacudi-la, até que o frango fique desfiado.

## Pastinha de frango

### Ingredientes

- 1 pote de creme de ricota
- 300 gramas de frango desfiado
- sal e pimenta a gosto
- cheiro-verde a gosto
- 1 colher de sopa de cebola ralada
- 1 colher de sopa de cenoura ralada (opcional)
- 1 colher de sopa de azeitona picada sem caroço (opcional)

### Modo de preparo

Misture todos os ingredientes e está pronto. Agora, é só desfrutar dessa maravilha. Pode ser acompanhada por torradinha ou pão.

Dica: você pode transformá-la em salpicão. Misture a uma salada, acrescente uma quantidade maior desses ingredientes, adicione uva passa e batata palha por cima. Fica uma delícia.

# Carne de panela

## Ingredientes

- 500 g de miolo de acém em cubos
- 2 colheres de sopa de azeite
- 1 cebola picada
- 2 dentes de alho moído
- sal a gosto
- pimenta-do-reino a gosto
- 2 tomates picados
- água para o cozimento
- cheiro-verde a gosto
- chimichurri a gosto
- azeite

## Modo de preparo

Na panela de pressão, doure a cebola e o alho com o azeite. Depois, acrescente a carne com o tomate e refogue.

Em seguida, adicione sal, pimenta-do-reino, chimichurri a gosto, e água suficiente para cobrir a carne. Feche a panela e deixe cozinhar por cerca de 25 minutos após pegar pressão.

Finalize com cheiro-verde

Esta obra foi composta em *Richmond*
e impressa por Gráfica Expressão e Arte sobre papel
*Polen Bold* 70 g/m² para Editora Vida.